JN411949

명리학 바로보기

- 기초편 -

명리학 바로보기 - 기초편 -

발행일 1판 1쇄 2015년 3월 2일, 1판 2쇄 2017년 11월 30일
발행인 정상철 지은이 성철재, 송지성
펴낸곳 충남대학교출판문화원 주소 대전광역시 유성구 대학로 99
전화 042-821-6045 홈페이지 www.cnupress.co.kr E-mail cnupress@cnu.ac.kr

ISBN 978-89-7599-532-3 03140
정가 12,000원

명리학 바로보기

기초편

성철재 · 송지성

충남대학교출판문화원

머리말

이 책은 명리학命理學에 갓 입문한 이들을 위한 초기 안내서다. 명리학의 본격적인 공부에 필요한 기초적인 용어들을 체계적으로 정리해 놓았다. 책을 정독하여 본인의 것으로 만든다면 이후의 명리 공부에 빠른 진전을 볼 수 있을 것이다.

명리학은 본질적으로 음양오행에 관한 공부다. 좀 더 정치하게 얘기하자면 사주라는 함수(function)에 운이라는 변수(variable)를 집어넣었을 때 그 결과값($f(x)$)이 어떻게 나오는 가를 추론하는 고등학문이다. 이걸 과학이라 포장하진 않겠지만 논리적인 추론 능력과 어느 정도의 암기력이 뒷받침되어야만 뚫어낼 수 있는 학문인 것만은 분명하다.

수학이나 물리학과 같은 좌뇌-주도적인(left-hemisphere dominant) 학문을 잘하기 위해서는 기초개념에 대한 철저한 이해가 필수적이다. 필자는 명리학을 수학이나 물리학과 비슷한 학문 종류로 바라보고 있다.

이 책의 내용에는 제1저자(성철재)가 1998년도 한국경제신문에 매주 연재한 '생활 속의 역학이야기' 컬럼의 일부 내용, 기업체와 공기관을 다니면서 강연 때 활용했던 원고들이 포함되어 있다. 그리고 명리학 연구학회인 난명학회에서 활용되는 명리기초 개념들이 제2저자(송지성)에 의해 잘 정리되어 있다.

난명학회는 난곡 차예산 선생님께서 세우신 명리연구학회다. 난명학회에서는 사주의 격국을 중심으로 통변의 뼈대를 세워간다. 시중의 자평명리학에서 일간 중심으로 통변을 전개하는 것과는 다른 방식이다. 이 격국 중심의 통변법(흔히들 고전격국론이라 칭하는)을 잘 이해하고 실전에 응용하려면 이 책에 제시한 십신, 12신살, 그리고 12운성의 개념을 완벽하게 이해해야 할 뿐만 아니라, 자동적으로 입에서 나올 수 있도록 암기가 되어 있어야 한다.

1999년도에 충남대학교 평생교육원이 설립되었고, 역학상담사 과정도 그해 필자에 의해 3년 과정으로 개설되었다. 2005년 정도에 당시 충남대학교 법학과 대학원을 다니던 송지성 선생이 이 강좌를 모두 수강하였고, 내친 김에 공주대에서 동양학으로 박사학위까지 취득하였다. 이 책은 초급반의 강의 교재가 필요하다는 송지성 선생의 요청으로 출판이 기획되었으며 그의 노고가 많이 반영되어 있다.

필자는 서울대학교 학부 재학 시절부터 명리 공부에 심취하였고, 여러 저명한 스승님들을 모시면서 『적천수』와 『난강망』과 같은 고전 읽기 방법을 배웠다. 마지막으로, 평생의 스승님인 난곡 선생님을 만나게 되었고, 명리학의 문리를 터득하게 되었다.

인생의 다양한 장르들, 진로, 결혼, 흥망, 건강, 인연 등의 각론들은 일간 중심의 강약법이나 『궁통보감』류의 조후법만으로는 해결하기 벅차다. 고전격국론의 가치는, 이러한 인생 각론의 문제점을 분석하고 해결책이나 대안을 제시하는 국면에서 비로소 드러나게 된다. 명리학에 처음 입문한 독자 여러분, 혹은 수강생 여러분들이 이 책을 벗 삼아 열심히 공부하여 더 고등한 단계로 나아가시길 바란다.

2015년 2월

문곡 성철재

• 차례

■ 사주포국

■ 세력과 기

■ 신살

동양 역학

동양 역학

1. 역학의 이해[1)]

흔히들 역학易學하면 주역周易을 떠올린다. '사주를 볼 줄 아네, 운명을 볼 줄 아네' 그러면 구태의연하게 받는 질문이 "주역 공부 하셨나요?"라는 말이다. 주역의 출발은 좀 모호하다. 주역 64괘卦의 복잡한 수리, 물리적 코드는 고등한 유전자 조작방법으로 인간을 태동시킨 외계 문명인이 가져왔다는 설도 있을 정도로 그 함의는 심오하다. 닐스 보어 등의 양자물리학자들이 애지중지한다는 사실에서, 주역이 단순히 동양의 점서다, 철학서다라고 주장하는 한계를 넘는 뭔가가 있다는 방증을 엿볼 수 있다.

오늘날 강단 동양학에서 활용하는 철학책[義理易]으로서의 가치는 춘추시대 이후 공자께서 10개의 부록[十翼]을 붙인 다음부터 발현되었다고 봐야 할 것이다. '철학'이란 말의 의미는 무엇인가? 민중국어사전에 의하면 '인생과 세계의 궁극적 근본 원리를 추구하는 학문'이라고 되어 있다. 철학의 사명이나 소명이 '철학'을 통해 '지혜로워지기', '현명해지기'라는 테제로 쉽게 풀이될 수 있다는 데 동의한다면 굳이 주역책을 점서니 철학책이니 갑론을박하는 것이 별 의미가 없어 보인다. 점서라고 해도 맞고, 철학책이라고 해도 틀린 말이 아닌 것 같기 때문

1) 성철재(2000), 25~27쪽을 발췌 정리하였다.

이다. 주역은 하늘[乾], 연못[兌], 불[離], 우레[震], 바람[巽], 물[坎], 산[艮], 땅[坤] 등을 상징하는 8괘를 상하로 배치하여 총 64개의 괘로 자연현상, 우주를 설명하는 체계를 갖고 있다. 하나하나의 괘를 설명하는 괘사卦辭와 효사爻辭를 분석적으로 연구해보면 철학적 거듭남을 체득하는 데 큰 도움이 되며, 또한 깨끗한 정신으로 득괘하여 얻은 점사가 현재와 미래의 등불로 작용되었다면 '지혜로워지기', '현명해지기' 위한 실천적 방편으로서도 훌륭하다는 것을 알게 된다.

오늘날 활용되는 수많은 역易의 가지들이 그 원류로 삼고 있는 주역의 뿌리는 전설시대 미지의 인물 복희伏羲에서 발원한다(약 5천 년 전). 복희의 시절, 머리는 용이고 몸은 말의 형상을 한 용마龍馬가 하수河水에 출현하였는데 말의 등에 55개의 신비로운 점이 새겨져 있었다고 한다. 복희가 이를 관찰하고 우주의 원리를 자각한 끝에 팔괘를 그렸다. 이를 일컬어 '복희가 획을 그었다[劃易]'고 한다. 그 후 은나라 말 서쪽 땅의 제후로 있던 문왕 희창이 주역 64괘의 차례를 정하고 각 괘마다 설명을 붙인다. 이를 '주 문왕이 역을 지었다[作易]'고 한다. 그 후 춘추전국시대 말엽, 공자가 가죽 끈이 세 번 떨어질 정도로 독서한 결과 얻은 깨달음을 정리하여 부록으로 덧붙이니 이를 십익이라 하며 '공자가 찬역贊易했다'고 말한다. 참다운 주역의 역사는 주 문왕 희창이 주역의 본문에 해당하는 괘사를 완성하고 나서 시작된다. 즉 작역을 한 이후부터다.

운명학을 황제의 학문이라 부르기도 한다. 전쟁을 승리로 이끌어야 하고 국정에 임해서는 적재적소에 쓸 만한 인재를 배치해야 하는 현실적인 어려움을 운명학의 지혜를 빌려 해결했었기 때문이다. 중국의 경우, 그리고 가까이는 우리의 역사에서, 지배자의 옆에는 일인지하 만인지상의 존재로서 항상 책사가 동석했었다. 제갈량과 장자방은 그 대표적 인물이라 할 수 있으며, 우리 역사에서 고대 국가의 건국을 다룬

일련의 드라마들에서도 이들 책사의 역할이 흥미롭게 부각된다.

실천 역학으로서의 운명학의 학문적 위상에 대하여 제도권 학자들은 상당히 냉소적인 면이 많다. 유명하신 어떤 학자께서, 주역은 64가지의 체와 384가지의 변 밖에 갖지 않은 유한한 체계이기 때문에 별거 아니라는 논조로 말씀을 하시는 걸 본 적이 있다. 그 분이 과연 광대무변한 통변의 세계를 알고서 그리 말씀하신 건지 모르겠지만, 이 한가지만은 분명히 짚고 넘어가야겠다. 주역이든 사주명리든 그 프레임에 해당하는 체體는 몇 천 년 전에 만들어진 한정된 모습을 간직한다손 쳐도, 그 쓰임새에 해당하는 용用과, 각 용처에 따른 변화된 쓰임새를 의미하는 변變은 특정의 시대, 환경, 그에 맞춰서 살아가는 인간, 그리고 적용되는 사물에 따라 각양각색으로 변화한다는 것이다. 이러한 변화의 구조를 틀에 박힌 유한의 체계로만 간주해버린다면 그 속에서 한 걸음도 내딛지 못할 것이다.

우리의 눈에 실질적으로 보이고 손으로 잡을 수 있는 학문을 대개 실증학문의 범주에 놓는다. 공학이 그러하고 경영학이나 법학도 이러한 반열에 올려놓을 수 있을 것이다. 이에 반해 역사나 철학, 심리학, 문학 등은 보이지 않는(그러나 인간의 마음에는 더욱 깊이 각인되는) 학문으로 간주할 수 있다. 운명학의 주요 이론 중에 '공망空亡' 장이 있다. 공은 비었으니 허虛요, 망은 없어졌으니 무無다. 따라서 '공망=허무'라는 등식이 성립된다. 눈에 보이지 않아서 없는 것처럼 보이는 운명학은 그래서 공망의 학문이며 허무의 학문이다. 그러나 어찌 진정으로 보이지 않고 존재하지 않는 것이겠는가. 보이는 이에게는 이토록 명징한 것도 없을 것이다. 어쨌든 고대 황제들이 애용했던 이유를 반추해볼 때, 지금 이 시대의 정 · 재계 거물들 또한 자신들의 진퇴와 관련된 머리 아픈 결정들을 극소수의 대가들에게 의뢰하고 있는 실정임을 미루어 짐작할 수 있다.

2. 동양 역학의 백미: 명리학

동양 역학은 미래의 변화를 예측하는 학문 모두를 포함한다. 여기에는 원초적 형태인 점학을 비롯하여 기문, 태을, 육임, 육효, 자미두수, 관상학, 풍수학, 성명학, 명리학 등이 있다. 이중 인사를 가장 효율적으로 다루는 학문 중 하나가 명리학이다.

명리학은 인간이라는 유한한 존재를 자연이라는 무한한 존재의 순간적 시간상과 연결시킨 고급함수다. 이 고급함수는 木·火·土·金·水 다섯 개의 자연물과 이의 음양 변화가 녹아 있는 천간 10글자, 지지 12글자가 4계절 및 24절기의 향방에 따라 일으키는 변화를 엄밀히 추론하는 것이다(성철재, 2000).

명리학을 통해 인간은 자신들의 미래를 예측하고자 한다. 이를 통해 인간으로는 어찌할 수 없는 운명적 상황으로부터의 자유를 원한다. 명리학은 운명적 상황에 대한 해결책을 하늘에서 찾는 것이 아니라 인간 자신으로부터 찾고자하는 동양 지식의 집결체다. 여기에는 자신의 의지가 통하지 않는 비의지적 상황을 미연에 방지하여 한 번 뿐인 삶을 '올바른 삶'으로 영위하고자 하는 인간의 간절한 염원이 담겨있다. 흔히들 말하는 '추길피흉追吉避凶'은 자신이 어찌 할 수 없는 불가항력적 상황에 직면하지 않기 위한 최소한의 수단이다. 그러나 그것이 곧바로 명리학의 목적이 될 수는 없다. 명리학은 운명 주인공의 능력을 객관적으로 파악하고 그 능력에 따른 사회적 지위 내지는 역할 등을 가늠하여 그가 원하는 바를 가장 효율적으로 성취할 수 있도록 안내한다. 이를 통해 하나의 운명은 시간의 낭비 없이 올바른 인생을 영위할 수 있다(송지성, 2014).

이와 같은 명리학은 언제 시작되었을까. 전국시대 귀곡자가 지은 원문에 당대唐代 이허중이 주해한 『이허중명서』가 『사고전서』에 전해 내려오는 점을 근거로 귀곡자를 명리학의 비조로 본다. 전국시대에 시작된 명리학은 당대에 이르러 비약적 발전이 이루어진다. 당나라 정원 연간(서기 785~805) 서역 강거국에서 온 술사 이필건이 인도의 방술서『율사경』을 전한다. 이후 원래의 토양에 기초하여 외국의 이론이 첨가된 중국 특유의 산명술로 발전하였다. 송초宋初의 인물 서자평에 와서 오늘날 사용하는 사주 개념이 확립되었다. 이를 기념하기 위해 후대 사람들은 사주명리학을 일컬어 '자평학子平學'이라 부르기도 한다. 격국 연구에서 빠뜨릴 수 없는『연해자평』은 송나라 서승이 서자평의 연구에 기초하여 만든 주요 저작이다. 하나의 헤게모니를 형성하여 전파되던 자평학에 나름대로 반기를 든 것이 명대明代의 장남이다. 이전의 오성학과 자평학의 주요 내용을 발전적으로 계승하여 수정 발표했으니『명리정종』이다. 이후의 명리학은 자평학과 장남의 이론에 귀곡자의 이론이 접목되어 연구 발전되었다(성철재, 2000). 명리학의 백과사전이라 불리는 방대한 저서인『삼명통회』는 명대 만민영의 작품이다. 명 태조 주원장의 책사를 지냈던 유백온이『적천수』를 저술했으며, 청대清代에는 작자 미상의『궁통보감』과 심효첨의『자평진전』이 출간되었다.『궁통보감』은 조후론 연구에,『자평진전』은 격국론 연구에 중요한 문헌이다. 이후『적천수』에 주석을 한 임철초의『적천수천미』가 출간되었고, 위천리, 서락오 등을 거쳐 오늘에 이르렀다.

명리학의 전개 과정 속에 가장 의미 깊은 사건은 자평학의 성립이다. 자평학의 성립은 이전에 유행하였던 간명 방식을 전혀 새로운 것으로 바꾸었다.『이허중명서』로 대표되는 자평학 성립 이전의 명리 간법은 대략 다음과 같다. 우선 태어난 월, 일, 시에 잉태한 달인 태원을 포함시켜 사주의 틀(frame)을 형성한다. 태어난 해인 년주의 천간을 록祿, 년주의 지지를 명命, 년주의 납음을 신身이라 하고 이 신을 기준으로 간명한다. 년주는 사주에는 포함되지 않으나 운명 예측의 기준으로 작용한다. 년은 나의 근본이고 일은 운명의 주인인 나에 해당한다. 태원과 월과 시가 나와 나의 근본인 일과 년을 도우면 좋은 운명이다. 이때 구체적 간명 수단은 오행 및 납음오행의 생극제화 원리, 신살 등이다. 오랜 기간 동안 간명의 수단으로 활용돼오던 자평학 이전의 간명법은 송대 자평학의 성립과 맞물려 그 방법론에 있어 일대 전환을 맞이하게 된 것이다. 자평학은 납음의 역할을 축소시키고 신살의 의미를 약화시켰다(송지성, 2014). 나아가 일간을 중심으로 오행 생극제화의 원리에 따라 운명을 예측한다. 자평학은 현대명리학의 방법적 기초가 되었다.

음양오행

▌음양오행

1. 음양오행의 개념

음양 개념은 태양이 구름에 가려 빛을 발하지 못할 때와 구름이 없어 밝게 사방을 비출 때 나타나는 두 가지 자연현상을 표현한 용어로서 그 발생 초기에는 태양과 관련된 소박한 의미에 머물러 있었다. 단순히 자연 현상을 설명한 음양 개념이 확대되어 하나의 기氣 개념으로 승화되는 것은 춘추전국시대에 들어서다. 음양 개념은 춘추전국시대를 지나오면서 인간을 포함한 만물을 이루고 있는 두 가지 기로 이해되며 철학적 의미를 얻는다. 『역경』의 해설서인 『역전』은 음양 개념을 도입해서 우주의 생성 과정을 설명하고 있다. 『역전』의 체계는 상호 대립되는 두 존재를 하나로 묶어 설명하는 방식을 취하고 있는데 하늘과 땅[天地], 태양과 달[日月], 남자와 여자[男女], 위와 아래[上下], 왼쪽과 오른쪽[左右], 귀함과 천함[貴賤], 움직임과 정지[動靜], 굳셈과 부드러움[剛柔] 등이 그것이다. 이를 '서로 마주하며 기다린다'는 의미의 대대對待라 한다. 음양 개념은 이전에 대대 관계를 유지하고 있었던 사물들 혹은 자연현상 및 사회현상의 관계를 표현하기에 가장 적합한 철학적 개념으로 선택된다. 『역전』 해석의 전면에 등장한 음양 사상은 전국시대에 이미 시대의 보편적 사유방식이었음을 알 수 있다. 전국시대 귀곡자 왕후의 저술에 주해를 곁들인 당 이허중의 『이허중명서』에 이미 동정이란 용어가 등장한다. 명리학도 이미 이 시기에 음양 사상을 흡수하고 있었던 것이다(송지성, 2014).

음양개념으로 만물의 생성원리를 설명하면 다음과 같다. 세상에 아무것도 존재할 수 없었던 처음의 시기를 무극無極의 상태라 한다. 무극 다음의 상태가 태극太極이다. 태극은 천지가 아직 열리지 않고 음양의 2기가 나누어져 있지 않은 상태를 말한다. 태극의 상태에서 양의兩儀 즉, 음과 양이 생성되고, 음과 양이 서로 융화하여 비로소 생명체가 탄생하고 소멸되기 시작한다. 즉 무극에서 태극이 생성되고, 태극에서 음양이 생성된 것이며, 음양으로부터 다시 사상四象이 생겨나니 이것이 바로 태양太陽 · 소음少陰 · 소양少陽 · 태음太陰이다. 이 사상에 土를 포함하여 오행이 이루어진다. 음양에 관한 연구는 곧 자연을 연구하는 것이다. 땅[地]을 음, 하늘[天]을 양으로 하여 그 가운데 존재하는 만물을 다섯 가지 원소인 오행으로 분류하여 인간을 포함한 자연계의 모든 구성요소들을 연구하는 것으로 풀이될 수 있다. 물질로 표현되는 모든 만물은 음양의 이치에 따라 생성되고 소멸한다.

오행이란 자연계를 구성하고 있는 다섯 가지 원소를 말한다. 모든 생명체가 오행의 기에 의지하여 존재한다고 한다면 실로 오행은 만물의 어머니로서 창조주가 되며 절대 기의 지배자라 할 수 있다. 오행은 木 · 火 · 土 · 金 · 水의 다섯 가지가 있다. 자연의 기를 일종의 부호로 만들어 인식하고 있는 것이다. 오행의 의미는『서경』「홍범」에 간단하게 언급되어 있다. 여기서는 水를 '적시고 내려간다[潤下]', 火를 '타오른다[炎上]', 木을 '굽고 곧다[曲直]', 金을 '따르고 바뀐다[從革]', 土를 '심고 거둔다[稼穡]'라고 한다. 이는 오행을 단순한 물질로 보는 것이 아니라 고유의 작용을 하면서 움직이는 기로 파악하고 있음을 의미한다(송지성, 2014).

2. 오행의 물상

하나의 사유체계로 자리매김한 오행관념은 명리학에서 가장 화려한 결실을 맺는다. 대표적 분야 중 하나가 물상론이다. 물상은 오행을 구체적 사물이나 현상에 결부시킨 것을 말한다. 예컨대 木을 나무에 비유하고 火를 태양이나 열기 등에 비유하는 것 등이다. 우선 오행은 봄, 여름, 가을, 겨울의 계절에 배속된다. 나아가 방위, 곡식, 맛, 소리, 색깔, 오관, 오장육부의 신체기관, 인간의 정서, 오상 등 자연 및 인간의 일상과 관련된 전 분야에서 응용되고 있다. 이는 자못 관념적이고 사변적인 오행 이론의 실체적 실현으로, 대중에게 오행 개념을 가장 잘 투영시킨 학문 분야라 할 것이다(송지성, 2014).

(1) 木

木은 자연의 생명을 나타내는 대표적 원소로서 대기와 물질의 음양관계를 구성하며, 木이 있는 곳에 모든 생명체가 살고 있다. 천간에서는 甲과 乙이 각각 양과 음으로 작용을 하고 지지에서는 寅과 卯가 양과 음으로 작용한다. 명리학에서는 甲木, 寅木과 같은 명칭을 부여한다. 木의 숫자는 3(선천수)과 8(후천수)이고, 방위는 동쪽, 계절로는 봄, 형상으로는 곡직, 인체기관으로는 간과 담에 배속되며, 색깔로는 푸른색에 해당하고, 오상으로는 인仁을 주관한다.

(2) 火

火는 자연의 온도를 조절하는 원소로서 생명을 유지하는데 절대적인 원동력이 된다. 인체의 온도가 36.5도에 속하는 것도 火의 기를 유지하기 때문이다. 천간 丙, 丁은 각기 양과 음으로 작용하고, 지지는 巳와 午가 음과 양으로 배속되어 있다. 지지의 경우 실질적인 적용은 음과 양을 반대로 하여 巳가 양, 午가 음으로 작용한다. 숫자는 2(선천수)와 7(후천수)이고, 방위는 남쪽, 계절로는 여름, 형상으로는 염상, 인체기관으로는 심장과 소장에 배속된다. 색깔은 붉은색이며, 예禮를 주관한다. 火氣는 형체가 없기 때문에 허령 혹은 허기로 불리기도 한다.

(3) 土

土는 만물을 저장하고 보호 육성하는 원소로서 어머니의 자비를 갖고 있다. 농사에 가장 중요한 흙[土]을 명리학에선 곡식이나 농사 자체를 의미하는 가색稼穡이라는 용어로 바꾸어 부르곤 한다. 명리학에서 가장 비밀스러운 부분이 있다면 土에 관계된 내용일 것이다. 사계절의 가운데에 위치하여 환절기의 역할을 수행한다. 봄과 여름을 거치면서 발아, 성장한 오곡은 결실의 계절인 가을, 수장의 계절인 겨울로 가기 전 잠시 내적인 성숙과정을 필요로 하는 법인데 이러한 역할을 환절기인 土가 맡아서 한다. 천간 戊는 양으로, 己는 음으로 작용한다. 지지 辰과 戌은 陽土, 丑과 未는 陰土의 역할을 하고 있다. 만물을 거두어들이는 역할 때문에 土는 창고로 해석되며 숨겨진 금은보화를 사주학적인 작용력에 의해 꺼내 쓸 수 있는 경우「부자창고」라는 별칭으로 불린다. 水의 창고는 辰, 金의 창고는 丑, 木의 창고는 未, 火의 창고는 戌이다. 숫자는 5(선천수)와 10(후천수)이고, 방위는 중앙, 계절로는 사계절의 환절기, 인체기관으로는 위장과 비장, 맛은 단맛, 그리고 색깔은 황색이다. 오상으로는 신信을 주관한다.

(4) 金

金은 자연을 파괴 또는 건설하는 도구가 된다. 자연계의 생명과는 직접적인 관계가 없는 것처럼 보이나 살아가는 과정에 꼭 필요한 원소다. 천간 庚과 辛은 각각 양과 음으로 작용하고, 지지는 申, 酉가 양과

음을 담당한다. 金은 날카로운 기운, 곧 예기銳氣로 상징되며 용맹과 의리를 주관한다. 申과 酉가 각각 음력 7월과 8월을 주관하니 결실의 계절과 관련됨을 알 수 있다. 숫자는 4(선천수)와 9(후천수), 방위는 서쪽, 계절은 가을, 인체기관으로는 폐장과 대장, 색깔은 흰색, 그리고 매운 맛을 주관하며, 의義를 주관한다.

(5) 水

水는 우주생성의 기초원소로서 자연계에 70%이상이 존재하니 5대 원소 중에 가장 광범위하게 분포되어 있다. 水는 새로운 생명을 잉태하게 한다. 천간 壬과 癸는 각기 양과 음으로, 지지에서는 亥와 子가 양과 음으로 작용한다. 지지의 실제 적용에서는 두 글자의 음, 양이 바뀌게 된다. 물은 이동과 결집, 그리고 생명의 탄생을 의미한다. 높은 데서 낮은 곳으로 끊임없이 흐르며 작은 물이 결집되어 마침내는 바다를 이룬다. 기화된 물은 비나 눈, 서리, 이슬을 거쳐 다시 시냇물이 되어 순환의 고리를 연결한다. 동료를 좋아하는 이유와 역마로서의 본성을 알 수 있는 대목이다. 이상의 설명에서 이미 水의 가장 중요한 실체를 알 수 있다. 사주에 물이 많은 경우 그리고 본질 자체가 물인 경우(생일 천간이 물) 종족번식의 본능이 강하다. 잉태의 의미가 있는 壬에서도 이러한 추리가 가능하다. 숫자로는 1(선천수)과 6(후천수), 방위는 북쪽, 계절은 겨울, 인체기관으로는 신장과 방광, 색깔은 검은 색이다. 지智를 주관한다.[2]

---

2) 성철재(1998), 6월 24일~7월 1일자 내용을 발췌 정리하였다.

[표1 오행의 물상]

물상 \ 오행	木	火	土	金	水
계절	봄	여름	환절기	가을	겨울
방위	동	남	중앙	서	북
시간	아침	낮	사이	저녁	밤
천간	甲·乙	丙·丁	戊·己	庚·辛	壬·癸
지지	寅·卯	巳·午	辰·戌 丑·未	申·酉	亥·子
숫자	3, 8	2, 7	5, 10	4, 9	1, 6
색깔	푸른색	붉은색	노란색	흰색	검은색
맛	신맛	쓴맛	단맛	매운맛	짠맛
오상	인	예	신	의	지
오장	간	심장	비장	폐	신장
육부	담	소장	위	대장	방광

3. 오행 사이의 관계

오행 서로 간에는 각각의 기氣 작용에 의해 서로 화합하고 공존하는 것으로 볼 수 있는 상생관계와 그 반대의 경우인 상극관계가 형성된다. 명리학은 사주팔자를 구성하고 있는 오행의 상생 및 상극관계를 파악하여 길흉 판단의 기초 정보로 삼는다. 오행 상생과 상극의 관계를 파악하는 것은 명리학을 향한 첫 걸음이라 할 수 있다.

3.1. 오행 상생 · 상극

木 · 火 · 土 · 金 · 水 오행 상생의 이치는 '하도河圖'에서 비롯된다. 하도 아래쪽의 1 · 6 水가 왼쪽의 3 · 8 木을 낳고, 木은 위쪽의 2 · 7 火를 낳고, 火는 중앙의 5 · 10 土를 낳고, 土는 오른쪽의 4 · 9 金을 낳고, 金은 다시 아래쪽의 1 · 6 水를 낳는다는 것이다. 오행 상생의 이치를 통해 계절의 변전을 알 수 있으며 이는 궁극적으로 우주 운행의 순환적 질서를 암시하는 데까지 이른다. 차디찬 겨울[北方 水]을 거쳐 만물이 생장하는 봄[東方 木]이 오고 화려함과 투쟁의 극치인 여름[南方 火]이 지나면 성숙과 결실의 계절인 가을[西方 金]이 도래하고 종국에는 만물 귀의하는 겨울로 환원되는 과정인 것이다. 물을 줘야 나무가 자라고[水生木], 나무가 재료가 되어 불이 타며[木生火], 만물을 불태워 흙으로 환원시키고[火生土], 흙을 통해 광물을 캐며[土生金], 이온화된 광물질이 모여 물이 만들어지고[金生水], 다시 물은 나무를 자라게 만드는 순환 법칙적 논리가 명리학의 가장 굵은 뼈대를 형성하고 있는 것이다. 이 대목에서 주목해야 할 것은 火生土, 土生金의 과정이다. 결실의 계절인 서방 金 가을을 의미 깊게 맞이하기 위해서는 환절기인 중재자 土를 잘 거쳐가야 한다는 논리가 숨어 있는 것이다.

상생과 반대의 개념인 상극도 오행 관계의 골격을 이루고 있다. 상생의 원리가 하도에서 나왔다면 상극의 원리는 '낙서洛書'에서 유래한다. 낙서는 중국 낙수(황하의 지류)에서 나타난 거북이 등에서 유래한다. 중국 고사에서 하우씨가 치수를 할 때 거북이가 출현했으며 그 등에 45개의 점이 그려져 있어 이로부터 천지의 도를 깨달았다는 것이다. 오행 상극의 관계는 상생과 반대의 방향으로 진행한다. 상극은 즉, 물은 불을 끄고[水剋火], 불은 쇠를 녹이며[火剋金], 쇠는 나무를 베고[金剋木], 나무는 흙을 괴롭히며[木剋土], 흙은 물을 막는다[土剋水]는 것이다. 이러한 상극의 원리에는 상생의 원리가 그 이면에 깔려 있다. 한 예를 들어보면, 火가 金을 극하지만 火가 생하는 土는 다시 金을 생하는 구조를 이루고 있어 상생과 상극은 서로 밀접하게 연관되어 순환하고 있는 것이다. 인간 문명의 발달은 오행 상생과 상극의 원리 중 상극의 원리로 진행되어 오고 있다(성철재, 1998).

3.2. 오행 반생 · 반극

오행의 상생과 상극은 상호간 세력관계에 따라 묘하게 작용하는 측면이 있다. 명리학에서 사용하는 용어로 반생극이라는 것이 있는데, 말 그대로 생이 극이 되며 극이 생이 되는 것이다. 나무와 불과 물의 예를 들어보자. 적당한 물을 주면 나무는 잘 자라지만[水生木], 과다하게 주면 뿌리가 썩는다[水剋木]. 나무는 불이 타는데 필수적인 요소이지만[木生火], 너무 많으면 오히려 불을 꺼뜨린다[木剋火]. 이를 다른 말로 '목다화치木多火熾'라고 한다. 물론 상생의 개념에서도 순서는 바뀐다. 나무에서 불이 나오는 木生火에서 태양이 알맞아야 나무는 잘 자라며[火生木], 불타는 나무는 결국 불로 인해 없어지는 격이다[火剋木]. 이를 명리학에서는 '화다목분火多木焚'이라고 한다. 결국 오행의 상생과 상극은 상호간의 균형관계를 의미하는 것이며 환경적 조건에 의해 언제라도 뒤바뀔 수 있는 변수임을 알 수 있다(성철재, 1998). 명리학에서 자주 사용하는 반생과 반극을 표현한 용어를 소개한다.

水는 木을 생하나 水가 많으면 木이 표류한다.

水生木 水多木漂

木은 火를 생하나 木이 많으면 火가 치열해진다.

木生火 木多火熾

火는 土를 생하나 火가 많으면 土가 탄다.

火生土 火多土焦

土는 金을 생하나 土가 많으면 金이 매몰된다.

土生金 土多金埋

金은 水를 생하나 金이 많으면 水가 탁해진다.

金生水 金多水濁

水는 火를 극하나 火가 많으면 水가 뜨거워진다.

水剋火 火多水熱

火는 金을 극하나 金이 많으면 火가 꺼진다.

火剋金 金多火熄

金은 木을 극하나 木이 많으면 金이 이지러진다.

金剋木 木多金缺

木은 土를 극하나 土가 많으면 木이 부러진다.

木剋土 土多木折

土는 水를 극하나 水가 많으면 土가 쓸려간다.

土剋水 水多土流

연습문제

1. 다음 중 水가 아닌 것은

① 壬

② 癸

③ 亥

④ 子

⑤ 丑

2. 丙의 음양오행은?

① 陽水

② 陰木

③ 陽火

④ 陰水

⑤ 陽木

3. 寅卯辰-申酉戌-巳午未-亥子丑의 계절 배열은?

① 봄-여름-가을-겨울

② 봄-가을-겨울-여름

③ 가을-여름-봄-겨울

④ 여름-봄-겨울-가을

⑤ 봄-가을-여름-겨울

4. 火의 오상은?

① 인

② 의

③ 예

④ 지

⑤ 신

5. 다음 설명 중 잘못된 것은?

① 水는 木을 생하나 水가 많으면 木이 표류한다.

② 土는 金을 생하나 土가 많으면 金이 매몰된다.

③ 金은 水를 생하나 金이 많으면 水가 탁해진다.

④ 水는 火를 극하나 火가 많으면 水가 뜨거워진다.

⑤ 木은 土를 극하나 土가 많으면 木이 매몰된다.

6. 오행의 인체기관 연결이 바른 것은?

① 木 - 간, 심장

② 火 - 소장, 신장

③ 土 - 위장, 비장

④ 金 - 폐, 담

⑤ 水 - 방광, 대장

7. 오행의 숫자로 바른 것은?

① 木 - 3, 7

② 火 - 2, 8

③ 土 - 1, 9

④ 金 - 5, 10

⑤ 水 - 1, 6

8. 寅卯辰-亥子丑-巳午未-申酉戌의 방위는?

① 동-서-남-북

② 북-남-서-동

③ 동-북-남-서

④ 동-서-북-남

⑤ 북-동-남-서

9. 오행의 색깔과 맛의 연결이 잘못된 것은?

① 木 - 푸른색, 신맛

② 火 - 붉은색, 쓴맛

③ 土 - 노란색, 단맛

④ 金 - 남색, 매운맛

⑤ 水 - 검은색, 짠맛

10. 오행의 특성에 관한 설명 중 잘못된 것은?

① 木 - 자연의 생명을 나타내는 대표적 원소다.

② 火 - 자연의 온도를 조절하는 원소로서 새로운 생명을 잉태하게 한다.

③ 土 - 만물을 저장하고 보호 육성하는 원소로서 어머니의 자비를 갖고 있다.

④ 金 - 자연을 파괴 또는 건설하는 도구가 된다.

⑤ 水 - 우주생성의 기초원소다.

십간 십이지

■ 십간 십이지

1. 간지의 개념

간지干支는 하도의 상생 원리를 이용하여 탄생한 것으로 천간은 하늘에서 흐르고 있는 오행의 기운을 말하고, 지지는 사계절을 순환하면서 이 땅에 공존하는 모든 물질의 삶과 죽음을 주관하는 것을 말한다. 이러한 천간과 지지의 조합에 의하여 육십갑자六十甲子가 탄생하였다.

천간은 甲, 乙, 丙, 丁, 戊, 己, 庚, 辛, 壬, 癸의 열 가지로 오행을 음양으로 구분하여 문자화 한 것이다. 그 종류가 열 가지니 십간十干이라고도 한다. 천간을 음양과 오행으로 구분하면, 甲은 陽木 乙은 陰木으로 구분되고, 丙은 陽火 丁은 陰火, 戊는 陽土 己는 陰土, 庚은 陽金 辛은 陰金, 壬은 陽水 癸는 陰水로 구분된다.

지지란 子, 丑, 寅, 卯, 辰, 巳, 午, 未, 申, ,酉, 戌, 亥의 열두 가지를 말한다. 십이지十二支라고도 하는데 이는 하늘의 기운을 땅에 적용한 것이다. 그 방위가 정하여져 있어 고정된 위치를 지키며 사계의 천기를 품수하여 한난조습과 냉열을 조절하는 역할을 담당하고 있다. 이러한 지지의 역할은, 생명의 어머니로서 각각 정해진 궤도를 한 치도 어김없이 순환하면서 자연만물의 생성과 소멸을 관장하는 것이다. 지지가 배속된 방위를 살펴보면, 寅 · 卯 · 辰은 동방에, 巳 · 午 · 未는 남방에, 申 · 酉 · 戌은 서방에, 亥 · 子 · 丑은 북방에 배속되어 각각 자기의 위치를 확고히 지키며 소임을 다하고 있다.

십간과 십이지를 양의 천간 대 양의 지지, 음의 천간 대 음의 지지로 짝지어 나가면 육십갑자가 이루어진다. 유의할 점은 천간과 지지를 배합함에 있어서 양간에는 양의 지지를, 음간에는 음의 지지만을 그 짝으로 배속시킨다는 점이다. 즉 甲에는 子, 寅, 辰, 午, 申, 戌만이 배속될 수 있다. 구체적으로 살펴보면, 십간의 처음인 甲에 십이지의 처음인 子를 배속하여 십간의 마지막인 癸까지 순서대로 나아가면 甲子, 乙丑, 丙寅, 丁卯, 戊辰, 己巳, 庚午, 辛未, 壬申, 癸酉까지 열 개의 천간지지의 조합을 얻게 된다. 이것을 10을 나타내는 단위인 '순旬'을 이용하여 甲子순이라 표현한다. 천간은 열 개이고 지지는 열두 개이니 하나의 순중에는 항상 지지가 두 개씩 남게 되는데(특히 이것을 공망이라 한다), 이 남는 지지를 다시 천간의 처음인 甲에 배속시켜 똑같은 방법으로 짝지어 나아가면 그 다음 순인 甲戌순을 얻을 수 있다.

[표2 육십갑자]

甲寅旬	甲辰旬	甲午旬	甲申旬	甲戌旬	甲子旬
甲寅	甲辰	甲午	甲申	甲戌	甲子
乙卯	乙巳	乙未	乙酉	乙亥	乙丑
丙辰	丙午	丙申	丙戌	丙子	丙寅
丁巳	丁未	丁酉	丁亥	丁丑	丁卯
戊午	戊申	戊戌	戊子	戊寅	戊辰
己未	己酉	己亥	己丑	己卯	己巳
庚申	庚戌	庚子	庚寅	庚辰	庚午
辛酉	辛亥	辛丑	辛卯	辛巳	辛未
壬戌	壬子	壬寅	壬辰	壬午	壬申
癸亥	癸丑	癸卯	癸巳	癸未	癸酉

2. 간지의 체성

청대의 유명한 명리학자 임철초는 천간의 오행을 구체적인 대상과 결부시키는 데 반대했지만 역학을 현실세계에 응용하고자 하는 역학자들은 여전히 천간과 지지의 글자가 가리키는 직접적인 상象을 찾기에 오늘도 많은 시간을 할애하고 있다. 예를 들면, 甲木은 떡갈나무나 느티나무 등의 큰 나무이며 乙木은 화초나 잔디 등의 여린 풀과 같다는 것이다. 이에 유추하여, 자신의 본질(태어난 날의 천간)이 甲木에 해당될 경우, 하늘 향해 위로 뻗는 특성과 관련하여 자존심은 강하나 융통성은 약하고 천간의 첫 글자인 까닭에 두령을 의미한다고 풀이한다. 甲이란 글자에 '머리'의 의미도 있으므로 또한 그러할 것이다. 받는 것 없이 주는 것을 좋아하는 군자의 덕성을 지녔기 때문에 인을 주관하는 대표자로 삼는다. 乙木은 부드러운 특성을 지녔기에 甲木에 비해 그 생명력이 길다. 다시 말해 뻣뻣하지 않고 융통성이 많다는 뜻이다. 역易은 변화이며 사주명리의 골자는 통변에 있기 때문에 천간이나 지지 각각의 글자 특징을 구체적으로 어떻게 추리하느냐에 따라서 운명의 향방이 결정된다. 자기 사주에서 木氣가 꼭 필요한 사람은 푸른색 옷을 즐겨 입는 것이 도움이 된다는 원리가 여기에 근거한다. 사주 구성이 金이 많아 木이 공격을 당하고 있으며 이를 해결할 수 없는 경우, 선천적으로 간의 기능이 나쁘다고 추리할 수 있다(성철재, 1998).

이와 같이 천간과 지지의 글자가 의미하는 바를 연구하는 분야가 체성론體性論이다. 비록 체성에 관하여 학자들 간에 완전히 일치된 견해는 없지만 아래에 현재까지 명리학계에 일반적으로 받아들여지고 있는 체성에 관하여 소개한다.

2.1. 천간의 체성

(1) 甲木

하늘에서는 우레[雷]를 상징한다. 땅에서는 동량목 혹은 대림목으로 양목이나 강목에 비유되고 사목死木으로 비유할 수 있다. 甲木의 성질은 이상이 높고 위로 뻗어 오르려는 기질이 크기 때문에 꺾이거나 굽히지 않는 우두머리 기질이 있어 남에게 구속이나 간섭받기를 싫어한다.

(2) 乙木

하늘에서는 바람[風] 을 상징한다. 甲木이 사목이라면 乙木은 활목活木에 비유할 수 있다. 즉 생목, 습목, 유목, 곡식, 화초, 유실수, 넝쿨나무 등으로 분류할 수 있다. 성질은 겉보기에는 부드럽고 유약하게 보이나 밀고나가는 추진력이 강하고 외적인 면보다는 내적인 면이 강해 남의 간섭을 싫어하고 어떤 일이나 무리하지 않으며 인화와 더불어 어울리기 좋아하는 타입이다.

(3) 丙火

양중의 양이다. 하늘에서는 태양을 상징하며 정신과 문화를 의미한다. 땅에서는 열화, 왕화, 사화로 비유할 수 있다. 성질은 밝고 명랑하며 정열적이고 매사 용기 있고 거짓 없으나, 저돌적이고 맹렬한 것이 실수가 되는 경우가 많고, 자기 자신을 높이 생각하여 다른 사람을 무시하는 경향도 있다.

(4) 丁火

하늘에서는 별[星]에 비유되며 신명과 문명을 상징한다. 땅에서는 생화로 등불, 용광로 등의 인간이 인공적으로 만든 열에 비유할 수 있다. 성질은 겉으로는 조용하고 냉정하며 약해 보이나 내면적으로는 의외로 자존심과 집념이 강하고 정신력이 뛰어나며 폭발적인 감정을 소유하고 있다.

(5) 戊土

하늘에서는 안개[霧], 황사를 상징하며 만물을 생육시키는 모체로서 구심점 역할을 한다. 땅에서는 고산, 야산, 제방, 운동장, 높거나 넓으며 굳어 있는 땅과 중앙을 의미한다. 성질은 태산처럼 믿음직스럽고 묵묵하며 신용이 있고 아량이 넓다. 자기 주관과 개성이 뚜렷하고 누가 뭐라 해도 이를 지키는 주체의식이 강하나, 너무 말이 없거나 무표정하고 무뚝뚝하여 교만하다는 오해를 받기가 쉽고 다른 사람 말을 무시하거나 고집이 세다는 말을 듣는다.

(6) 己土

하늘에서는 구름[雲]을 상징한다. 불열불냉하고 음습한 土로서 만물을 자육하고 성숙하게 하며 항구적인 순환운동을 유지해 주는 중심작용을 한다. 따라서 땅에서는 옥토, 윤토, 전답이나 전원으로 인간이 가꾸는 땅에 비유된다. 성질은 순박하고 부드러우며 조용하고 자기주장을 내세우지 않으며 남의 생각을 잘 헤아려 주고 포용력이 있으며 어머니 같은 자애로움이 장점이나, 순진해 보이면서도 능글맞고 어수룩한 것 같으면서도 자기 실속을 챙기며 내성적이나 수동적인 것 같으면서도 적극적이고 능동적인 면이 있다.

(7) 庚金

하늘에서는 월색月色이다. 계절은 가을을 상징하여 식물의 성장이나 사물의 팽창이 억제되고 정기가 응고되어 결실을 맺는다. 살상, 억압,

정화, 변혁을 의미한다. 땅에서는 강금 혹은 아직 철로 제련되지 않은 무쇠나 광석 또는 바위에 비유할 수 있고 과일로 볼 수도 있다. 성질은 의리가 대표한다. 한번 사귀거나 믿었던 사람에게 평생 충성하고 배반하는 일이 없으며, 의협심이 강하고 강자에 대항하며 약자를 도와주는 희생정신이 강하다. 매사 완벽주의자로 공과 사를 분명히 가리는 스타일로 지도력이 있으며 통솔력과 소신이 강하나 냉정하게 보이거나 모난 다는 말을 듣곤 한다. 얼굴에는 위엄이 있는데 조급하고 난폭하며 선악의 구분이 심하거나 독선적인 면이 많아 적이 많고 재앙을 불러오기도 한다.

(8) 辛金

하늘에서는 서리[霜]로 추상같은 서릿발이다. 땅에서는 금은보석, 다이아몬드 등으로 제련된 금속이나 비철금속(정밀반도체) 모두가 辛金에 속한다. 성질은 섬세하고 깔끔하며 약해 보이는 듯하나 속으로 단단하고 야무지다. 감수성이 예민하고 정에 좌우되기 쉬우나 매사에 정확치밀하고 일을 단호하게 처리하는 경향이 있다.

(9) 壬水

하늘에서는 눈[雪]과 서리가 된다. 땅에서는 연못이나 호수, 강, 바다 등으로 모여 있는 많은 물을 의미한다. 성질은 두뇌가 총명하고 상황판단과 창의력이 뛰어나며 지혜와 선견지명이 있고 어느 곳 어느 사람과도 잘 어울리는 성품이다. 바다 속을 알 수 없듯이 속마음 깊이를 알 수 없어 엉큼하고 비밀이 많다. 물은 가장 높은 곳과 땅속 깊은 곳에도 위치하며 기온에 따라 상태가 변하고, 담는 용기에 따라 형체가 다르니 변화가 많다.

(10) 癸水

하늘에서는 비[雨]나 이슬[露]이다. 戊와 합을 이루면 무지개가 피어오르듯이 문명지상을 이루게 된다. 水氣와 정精을 상징하여 만물의 태초 혹은 원시를 의미하는 종자로 보기도 한다. 땅에서는 생수, 활수, 원천과 윤하수로 정지되어 있거나 모여 있지 않고 항상 흘러내리는 물로 생물에 가장 필요한 물에 비유한다. 성질은 지모가 뛰어나고 아이디어가 특출하며 준법정신이 강하면서도 임기응변이 능한 타입이나, 아는 것에 비해 실천이 부족하고 어려운 일을 보면 고민하거나 말로만 처리하려는 단점도 가지고 있다.

2.2. 지지의 체성[3)]

(1) 子水

子는 오행의 구분으로는 水에, 음양의 구분으로는 양에 속한다. 子에서 출발하여 亥까지를 십이지라 통칭한다. 4계절과 관련하여 봄은 동방 木, 여름은 남방 火, 가을은 서방 金, 겨울은 북방 水에 배속시킨다. 이러한 구분에 따르면 子水는 겨울의 한가운데에 위치한다. 겨울은 亥水에서 시작하여 丑土로 끝나는 亥 · 子 · 丑 세 글자의 뭉쳐진 기운으로 보기 때문이다.

생초生肖라는 용어가 있다. 태어난 해가 의미하는 동물을 일컫는 말이다. 子는 쥐[鼠]를 상징한다. 지지 글자 중 子 · 午 · 卯 · 酉 네 글자는 소위 끼가 많다고 알려져 있는 도화살을 담당한다. 따라서 쥐띠생도 이 범주에 속할 수 있다. 오행이 생산의 의미가 있는 물이기 때문에 더욱 그러하다. 긍정적으로 작용하면 타인과의 사귐이 순조롭고 좋아

3) 성철재(1998), 8월 11일~8월 28일자 내용 발췌 정리.

하는 이에게는 아낌없이 주는 편이나, 나쁘게 작용하면 쉽게 흥분하고 비판적인 인간으로 편향되기 쉽다. 子水는 천간 壬水와 癸水로 구성되어 있는데 절기상 대설 이후 열흘은 壬水가 관장하고, 11일째부터 소한 전까지의 20일 동안은 癸水가 관장한다.

(2) 丑土

丑은 土에 속한다. 음양의 구분으로는 음에 배속된다. 생초는 소[牛]다. 지장간의 내용물은 빗물 癸水, 보석 辛金, 그리고 참흙 己土다. 亥 · 子 · 丑 세 글자가 모여 북방 水局으로 겨울을 구성함은 앞서 설명하였다. 丑은 그래서 겨울의 마지막을 담당한다. 절기로는 소한에서 시작하여 이듬해 입춘 전까지다. 그 30일 동안을 癸水가 9일, 辛金이 3일, 그리고 己土가 18일간을 주관하여 그 실력을 행사한다. 이 같은 내용을 기술하는 것은 사주 추명의 첫 단계가 어떤 계절에 태어난 어떤 오행이냐를 분별하는데 있기 때문이다. 예를 들어, 소한 이후 6일에 태어난 甲木 사람이 있다고 하면 지지 글자로는 丑月 겨울에 태어났지만 실상 오행의 실질적 기운으로는 빗물 癸水의 영향권 내에 있는 것으로 간주한다(소한 후 9일까지가 癸水의 영역). 즉 土월의 甲木이 아니라 水월의 甲木으로 환경(environment)을 다르게 추리해야 하는 것이다.

소띠는 대개 믿음직하고 조용하며 전통을 존중하기 때문에 보수적이라는 말을 듣기 쉽다. 겉으로는 얌전하고 순진해보이지만 매우 단호하고 논리적이다. 오행 土는 믿음을 주관하기 때문에 종교의 별로 상징된다. 명리학 용어에 화개란 것이 있다. 만물귀의로 묘지 속에 들어가는 인생무상을 의미한다. 지지 丑도 화개의 역할을 담당한다. 그래서 일생 부지런히 움직여야 하는 숙명을 타고났다고 한다. 이런 운명을 거슬러 게으름을 피우게 되면 일생 고단함을 면치 못하며 종교인과 같은 활인업에 종사한다고 한다.

(3) 寅木

寅은 木에 속하며 음양의 구분으로는 양에 배속된다. 생초는 호랑이[虎]다. 지지속에 내장되어 있는 천간 글자는 만주벌판 戊土, 태양 丙火, 그리고 순양목인 甲木으로 구성되어 있다. 寅 · 卯 · 辰 세 글자가 모여 구성된 동방 木局은 봄을 상징한다. 寅月부터 비로소 봄기운이 발현되는 것이다. 사주명리학에서 일컫는 1년은, 이 때문에 寅月의 출발점인 입춘에서 시작된다. 寅月은 입춘에서 시작하여 경칩까지 이어진다. 그 한 달간을 戊土가 7일, 丙火가 7일, 그리고 甲木이 16일간 관장한다.

힘과 정열로 상징되는 호랑이다. 자신이 주목받는 것을 좋아하며 반항적이고 화려하다. 매우 로맨틱하고 감성적인 일면 때문에 방랑자로서의 일세를 풍미하기도 한다. 단점으로는 성미가 급하고 무모하기 때문에 일을 그르치기 쉽다는 것이다. 역마살을 알고 있을 것이다. 방랑의 본성은 寅이 본래부터 가지고 있는 역마의 특성에서 유래한다. 머무르지 않으며 변화를 좋아하는 오늘날 감각적인 젊은이들의 현주소라고나 할까.

(4) 卯木

卯는 木에 속하며 음양의 구분으로는 음으로 분류된다. 생초는 토끼[兎]다. 지지속에 내장되어 있는 천간 글자는 순양목인 甲木과 난초 乙木으로 구성되어 있다. 寅 · 卯 · 辰 세 글자가 모여 동방 木局으로 봄을 상징한다고 했다. 寅月부터 시작된 봄기운은 卯月에 그 절정에 달한다. 이름하여 맹춘이다. 卯月은 경칩에서 시작하여 청명까지 이어진다. 그 한 달 동안을 甲木이 10일, 그리고 乙木이 20일간 관장한다. 명리학에서 사왕지(四旺地: 가장 기운이 강한 자리)란 子, 午, 卯, 酉를 일컫는다. 끼가 많고 풍류를 좋아한다는 도화에 해당한다.

토끼는 알다시피 미국의 유명한 성인잡지 왕국의 심벌이다. 동서양 구분 없이 뭔가 통하는 게 있나보다. 그러나 사주 내에 도화가 있다고 해서 무조건 바람기 많고 놀기 좋아하는 식으로 매도해서는 곤란하다. 사주 명식이 깨끗하며 조화로울 경우에는 순기능으로 작용하여 다정다감하며 열정적인 성향으로 표현될 수도 있기 때문이다. 이래서 토끼띠는 부드러운 말씨와 세련된 매너로 무장한 내성적인 외교관이나 스파이로 상징할 수 있다. 현실세계에서의 직업으로는 프레젠테이션이나 협상, 금전능력을 주로 요구하는 분야가 좋다. 광고나 증권분야 등을 들 수 있을까?

(5) 辰土

辰은 土에 속하며 음양의 구분으로는 양에 배속된다. 생초는 용[龍]이다. 지지속에 내장되어 있는 천간은 난초 乙木, 빗물 癸水, 그리고 만주벌판 戊土로 구성되어 있다. 寅 · 卯 · 辰 동방 木局의 마지막 글자로 봄의 쇠퇴를 상징한다. 아스팔트를 뚫고 올라오던 卯木의 그 가공할 힘도 辰月에 이르러 서서히 쇠락해가는 것이다. 辰月은 청명에서 시작하여 입하까지 이어진다. 그 한 달 동안을 乙木이 9일, 癸水가 3일 그리고 戊土가 18일간 관장한다. 이 지장간의 구성을 통해 辰土가 왜 옥토인지를 알 수 있다. 하늘에서 내려온 감로수[癸水]가 씨앗[乙木]과 함께 적절히 배합되어 戊土를 적시고 있기 때문이다. 어떤 사주구성이든 辰土가 지지에 자리하면 사주전체 하드웨어의 성능을 향상시킬 수 있다는 이유도 만물을 잘 키워내는 어머니로서의 역할에 유래한다.

명리학에서 사고지(四庫地: 기운이 거두어지는 창고자리)는 辰, 戌, 丑, 未를 일컫는다. 水, 火, 金, 木 네 오행은 각각 辰, 戌, 丑, 未의 土에 이르러 그 기운이 다해 생멸 변전의 마지막 자리인 묘지로 들어간다. 물론 새로운 생명에로의 순환이 기다리고 있다. 때문에 종교의 자리로 인식된다. 용띠는 권위의 상징이다. 이 권위는 모든 사람에게 해당되는 알지 못할 의무감이다. 끊임없이 전진하며 상당히 독선적이다. 때로 지나친 자존심으로 인해 일을 그르치기도 한다. 특히, 여성들은 매력적이며 사교적이고 일처리도 확실하지만, 언급한 권위적 기질로 인해 가정에서는 상당히 고전하는 경우가 많다.

(6) 巳火

巳는 火에 속하며 음양의 구분으로는 음에 배속된다. 생초는 뱀[蛇]이다. 지지를 구성하고 있는 천간 글자는 만주벌판 戊土, 큰 칼 庚金, 그리고 태양 丙火다. 巳 · 午 · 未(음력 4, 5, 6월을 상징) 세 글자가 모여 남방 火局으로 여름을 상징한다. 따라서 巳月은 폭양의 여름을 출발시키는 역할을 한다. 巳月은 입하에서 시작하여 망종까지 이어진다. 그 한 달 동안을 戊土가 7일, 庚金이 7일 그리고 丙火가 16일간 관장한다. 명리학에서 사장생지(四長生地: 오행이 태어나는 자리)는 寅 · 申 · 巳 · 亥를 일컫는다. 각각 火, 水, 金, 木이 태어나는 자리다. 갓 태어나는 새 생명이니 철이 없는 천방지축이며 성장에의 희망으로 가득한 어린 꽃망울이다. 이러한 생기를 고인들은 역마살이라고 했다. 끊임없이 성장을 추구하는 정신적 갈망과 육체적 도전은 여기에서 비롯된다. 역마는 사주 구성이 순조로울 땐 발전적인 여행이나 유학, 해외파견 등의 순기능으로 작용하지만 그 반대일 경우는 평생 분주 다망함을 면치 못한다.

뱀띠는 심각한 로맨티스트이자 예술을 즐길 줄 아는 지적인 세련미의 대명사다. 그러나 묘하게도 그 배후에는 미로같이 엮여져 있는 종교적 신비주의가 확고하게 자리 잡고 있다. 따라서 비밀이 많은 인물이며 그 타고난 지혜는 타의 추종을 불허한다. 뛰어난 유머감각을 잘 활용하여 사교계에도 어울리며, 막후의 실세로서 추진력과 책임감 또한 뛰어나다.

(7) 午火

午는 火에 속하며 음양의 구분으로는 양에 배속된다. 생초는 말[馬]이다. 지지를 구성하고 있는 천간 글자는 태양 丙火, 참흙 己土, 그리고 촛불 丁火다. 巳 · 午 · 未(음력 4, 5, 6월을 상징) 세 글자가 모여 남방 火局으로 여름을 상징한다고 했다. 午月은 여름의 한 가운데를 차지하는 맹하로, 망종에서 시작하여 소서까지 이어진다. 그 한 달 동안을 丙火가 10일, 己土가 10일 그리고 丁火가 10일간 관장한다. 午月에는 음기가 처음으로 생성되는 하지가 있다. 이때를 기점으로 천지간의 극성했던 양기는 조금씩 시들해져 간다. 불순한 음기를 만나 비축된 양기를 잃음이다.

지지 午는 여섯 글자를 사이에 둔 지지 子와 만나면 강하게 충돌한다. 子 · 午 · 卯 · 酉 네 글자를 사왕지라고 하여 풍류객인 도화라 함은 이미 언급했다. 특히, 子와 午는 인체에서 우리네 종족보존과 관련된 기관을 담당하고 있다. 그래서 子와 午가 만나 충돌되는 사주 명식을 가진 인물은 특히, 남녀상열지사에 유의해야 하며 비뇨기에 관련된 병에 조심해야 한다.

말띠는 火의 본성이 주관하는 띠답게 발랄하고 개방적이며 충동적이다. 성적 매력도 대단하며 사랑에 살고 사랑에 죽는 연애 지상론자이기도 하다. 때문에 바람둥이라는 소리도 자주 듣는다. 대단한 순발력을 활용하는 직업이 좋다. 방송이나 신문, CF 등 몸으로 뛰면서 생각해야 하는 창의력이 필요한 직업군에서 호평을 얻을 수 있다.

(8) 未土

未는 土에 속하며 음양의 구분으로는 음에 속한다. 생초는 양[羊]이다. 지지를 구성하고 있는 천간 글자는 촛불 丁火, 난초 乙木, 그리고 참흙 己土다. 巳 · 午 · 未(음력 4, 5, 6월을 상징) 세 글자가 모여 남방 火

局으로 여름을 상징한다고 했다. 未月은 여름의 문이 닫히는 달이다. 절기로는 소서에서 입추까지를 말한다. 그 한 달 동안을 丁火가 9일, 乙木이 3일 그리고 己土가 18일간 관장한다. 명리학에서는 未月중에 있는 대서가 중요한 역할을 한다. 이때부터 가을의 金기운이 자리 잡기 시작하기 때문이다.

나무를 키우는데 습토인 辰土가 최고였다면, 곡식이 여무는 데는 未土가 최고다. 영양분[乙木]이 듬뿍 담겨 있고, 곡식이 영글기에 알맞은 온도[丁火]에, 그리고 비옥한 참흙[己土]이 주성분이기 때문이다.

양띠는 감성파의 대명사다. 예술적 심미안과 사교적인 장소에서의 특출한 매너는 타의 추종을 불허한다. 슬픈 이야기나 드라마속의 비극적 주인공에 몰입되어 곧잘 현실과 혼동하기 때문에 눈물바가지라는 별명을 얻기도 한다. 또한 규제에 익숙하지 못하기 때문에 조직생활에 잘 맞지 않는 면도 있다. 그러나 일단 실무에 몰입하면 무서운 추진력으로 임하는 놀라운 이중성을 보인다. 결국 감정 조절이 성공의 열쇠가 될 수 있다.

(9) 申金

申은 오행분류상 金에 속하며 음양의 구분으로는 양에 배속한다. 즉 강건한 金이라고 할 수 있다. 12지지 중의 하나이며 申金이라는 명칭으로 불린다. 태어난 해가 상징하는 동물은 원숭이[猴]다. 지지 글자는 甲, 乙, 丙, 丁 등과 같은 천간 글자 몇 개로 구성되어 있는 복합체라고 했다. 이러한 의미에서 申金을 구성하고 있는 천간 글자는 만주벌판 戊土, 강물 壬水, 큰칼 庚金이다. 지지 글자 申 · 酉 · 戌(음력 7, 8, 9월을 상징) 세 글자가 모여 서방 金局으로 가을을 상징한다.

가을은 오행 중 서릿발 같은 金의 기운이 주관하며 서쪽을 상징하므로 서방 金局이라 표현하는 것이다. 申月은 가을의 문이 열리는 달이다. 24절기 중 입추에서 백로까지를 말한다. 그 한 달 동안을 戊土가 7일, 壬水가 7일, 그리고 庚金이 16일간 관장한다. 처서가 이 기간에 속해있다. 곡식이 영글고 과일이 잘 익어야 되는 처서에 비가 내리면 큰일이라고 했다.

원숭이띠는 한마디로 임기응변과 순발력의 대명사라 할 수 있다. 이해의 속도가 빠르기 때문에 학습능력이 뛰어나다. 그러나 상당히 오만하다. 자기중심적이며 질투도 많다. 때문에 극심한 경쟁으로 인한 피로에 휩싸이기 쉽다. 현대사회에선 이런 측면이 장점으로 부각될 소지도 많다. 자기 PR에 능숙하기 때문이다.

(10) 酉金

酉는 오행분류상 金에 속하며 음양의 구분으로는 음에 배속된다. 유약한 金이다. 12지지 중의 하나이며 酉金이라는 명칭으로 불린다. 태어난 해가 상징하는 동물은 닭[鷄]이다. 酉金을 구성하고 있는 천간 글자는 큰 칼 庚金과 주머니칼 辛金이다. 지지 글자 申 · 酉 · 戌(음력 7, 8, 9월을 상징) 세 글자가 모여 서방 金局으로 가을을 상징한다고 했다. 가운데 자리한 酉月은 당연히 가을이 한창 깊어지는 달이다. 24절기 중 백로에서 한로까지를 말한다. 그 한 달 동안을 庚金이 10일, 辛金이 20일간 관장한다. 한 달간이 순수한 金의 기운으로만 뭉쳐있는 것을 알 수 있다.

닭띠 생은 정확한 계산과 체계적인 판단을 주무기로 한다. 결단력 있고 민첩하다. 겉으로 보기에 사치스럽고 적극적이며 저돌적으로 보이지만 은근히 보수적이며 고집스러운 면도 많다. 뛰어난 대중스타의 자질을 가지고 있기 때문에 대중 앞에 노출되는 것을 주저하지 않으며 자신의 매력을 포장하는데도 일가견이 있다. 그러나 애정문제는 깨끗하길 원한다. 한 번에 한사람. 진정한 바람둥이는 닭띠가 드물다. 단점으로는 지나친 고집과 자기중심적인 면을 들 수 있다. 때로 다된 일을 완전히 백지화시켜버리는 이유가 여기 있다.

(11) 戌土

戌은 오행 분류상 土에 속하며 음양의 구분으로는 양에 배속된다. 12지지 중의 하나이며 戌土라는 명칭으로 불린다. 태어난 해가 상징하는 동물은 개[犬]다. 戌土를 구성하고 있는 천간 글자는 주머니칼 辛金, 촛불 丁火, 그리고 만주벌판 戌土다. 지지 글자 申 · 酉 · 戌(음력 7, 8, 9월을 상징) 세 글자가 모여 서방 金局으로 가을을 상징한다고 했다.

戌月은 가을이 정리되는 달이다. 겨울의 입구가 저만치 보이는 시절을 의미한다. 그래서 戌土는 한마디로 영양가가 없다. 추수가 끝나고 한가히 놀고 있는 땅을 말한다. 약간의 잡초, 푸석하고 건조한 흙. 24절기로는 한로에서 입동까지를 말한다. 그 한 달 동안을 辛金이 9일, 丁火가 3일, 그리고 戌土가 18일간 관장한다.

개띠생은 정직하고 책임감이 강한 인물로 묘사할 수 있다. 소위 조직사회에서 환영받는 타입이다. 충성심이 강하고 정의로우며 별로 잘난 체하지 않는다. 대개 자신의 이익보다 타인의 이익에 더 신경을 쓴다. 솔직히 약간 밑지는 장사를 하는 인물이다. 좋고 싫음이 너무 분명하여 외부의 사악한 기운에 다칠 수 있고 가끔씩 빠져드는 우울한 몽상으로 인해 끝없는 침잠을 요구받기도 한다.

(12) 亥水

亥는 오행 분류상 水에 속하며 음양의 구분으로는 음에 배속된다. 12지지 중의 하나이며 亥水라는 명칭으로 불린다. 태어난 해가 상징하는 동물은 돼지[豬]다. 亥水를 구성하고 있는 천간 글자는 만주 벌판 戊土, 느티나무 甲木, 그리고 강물 壬水다. 만주 벌판이니 강물이니 이렇게 구체적 예를 든 것은, 오행의 상징물에 대한 이해를 돕고자 한 때문이지 실제로 오행자체가 객관적 사물과 일대일 대응이 되는 것은 아니다. 추상적 개념을 구체적 실체로 바꾼 은유(metaphor)의 미학이다. 亥月은 겨울이 시작되는 달이다. 亥 · 子 · 丑(음력 10, 11, 12월) 세 글자가 모여 북방 水局으로 겨울을 형성한다. 亥水는 복합체 구성성분에서 짐작할 수 있듯이 봄철 새 생명의 탄생을 위한 씨눈[甲木]을 간직하고 있는, 나무의 입장에서는 고마운 생명수다. 24절기로는 입동에서 대설까지를 말한다. 그 한 달 동안을 戊土가 7일, 甲木이 7일, 그리고 壬水가 16일간 사령한다.

돼지띠 생은 솔직, 담백, 진솔 등으로 무장한 자연주의 학파에 속한다. 뉴에이지 음악처럼 약간은 나태하고 졸리는 듯한 쾌락주의자의 성정을 가진 그는 잔치를 베풀거나 축제의 무드에 빠져드는 것을 좋아한다. 따라서 친구를 좋아하며 더불어 토론을 즐긴다. 다방면에 박식한 제너럴리스트이지만 깊이가 부족한 것이 흠이다. 그러나 일을 함에 있어서 결론을 맺고야 마는 성격은 또 다른 매력을 제공하기도 한다.

3. 간지의 회 · 합과 형 · 충 · 파 · 해

자연 만물은 변화하지 않는 것이 없고 자연 환경의 일부인 사람도 이러한 자연의 변화 속에서 살아가고 있다. 명리학은 사주팔자를 분석하여 미래를 예측하고자 하는데 인간사는 매일 변화하니 그러한 변화의 실마리를 제공받아야만 미래 예측이 가능하다. 이러한 실마리에 천간과 지지의 상호 작용에 의해 발생하는 회會 · 합合과 형刑 · 충沖 · 파破 · 해害 등이 있다. 회는 지지 삼합인 삼합회국을 말한다. 합에는 간합, 지합, 방합, 간지합 등이 있다. 형은 삼형과 자형, 충은 칠충, 파는 상파, 해는 육해를 말한다.

회 · 합과 형 · 충 · 파 · 해의 변화 속에 인생사의 희로애락과 생사의 이치가 담겨 있다. 그것들을 해석함으로써 현재 처해있는 상황과 그 사람의 마음을 알 수 있고 과거의 행적과 미래 예측이 가능하다. 따라서 이 변화무쌍하고 무궁무진한 이치를 터득해야만 명리의 통변이 가능하다.

3.1. 회 · 합

합에는 천간과 천간이 합하는 경우가 있고, 지지와 지지가 합을 이루는 경우가 있으며, 천간과 지지가 합을 이루기도 한다.

(1) 간합

천간은 각각 자기로부터 여섯 번째 천간과 합을 이룬다. 합을 이루고 있는 천간들의 관계를 살펴보면 양간이 음간을 극하는 것을 알 수 있다. 상호간 정관과 정재가 되어 부부의 합이라 한다.

甲己 合 土
乙庚 合 金
丙辛 合 水
丁壬 合 木
戊癸 合 火

(2) 지합

지지의 합에는 육합과 삼합, 방합 등이 있다. 이 중 지지 삼합을 회국會局 혹은 약칭하여 회會라 한다. 합은 세력, 조직, 모임, 애정 등을 의미한다. 일반적으로 길성이 합을 이루면 더욱 길하고 흉성이 합을 이루면 더욱 흉하다고 하나 구체적 상황에 따라 다르다.

子 丑 合 土

寅 亥 合 木

卯 戌 合 火

辰 酉 合 金

巳 申 合 水

午 未 合 天

(3) 방합

방합을 계절의 합이라고도 한다. 이는 방향과 계절에 따른 오행이 작용하기 때문이다. 사정신四正神(子午卯酉)이 있어야 성립된다.

寅 卯 辰　東方　木　봄

巳 午 未　南方　火　여름

申 酉 戌　西方　金　가을

亥 子 丑　北方　水　겨울

(4) 삼합

삼합은 사회 조직으로 본다. 삼합의 첫 글자는 사생궁, 가운데 글자는 사왕궁, 마지막 글자는 사묘궁으로 구성된다. 반드시 사왕궁에 해당하는 사정신 子 · 午 · 卯 · 酉가 있어야 삼합이 성립된다. 삼합은 공통의 기를 가진 세 개의 글자가 모여 있어 강력한 조직의 힘이 발휘된다. 이때 사정신의 글자가 천간에 있어도 합이 이루어지는데 이를 간지호환이라 한다. 세 개의 글자 중 두 자, 즉 사정신과 나머지 한 글자만 있어도 반합의 작용은 있다.

寅 午 戌 三合 火局

巳 酉 丑 三合 金局

申 子 辰 三合 水局

亥 卯 未 三合 木局

寅 午 또는 午 戌은 半合

巳 酉 또는 酉 丑은 半合

申 子 또는 子 辰은 半合

亥 卯 또는 卯 未는 半合

(5) 천간과 지지의 합

천간과 지지의 지장간이 합을 이루는 것이 있다. 甲과 午, 乙과 巳, 丙과 戌, 丁과 亥, 戊와 子, 己와 亥, 庚과 辰, 辛과 巳, 壬과 午, 癸와 巳가 그것이다. 이는 명리학 암합의 일종인 '자좌암합自坐暗合'에 해당한다.

甲 乙 丙 丁 戊 己 庚 辛 壬 癸

午 巳 戌 亥 子 亥 辰 巳 午 巳

3.2. 형 · 충 · 파 · 해

위의 간합, 지합, 삼합 등은 지지가 서로 화합하는 상태를 나타내는 것임에 반하여, 형 · 충 · 파 · 해 등은 지지가 서로 극하거나 화합을 이루지 못하고 있는 모습을 설명하는 것들이다. 합이 평화에 비유된다면 형 · 충 등은 전쟁이나 투쟁에 비유될 수 있을 것이다. 그러나 합이 좋고 충이 나쁘다는 식의 이해는 곤란하다.

(1) 형

형은 기운이 한쪽으로 치우쳐 중화를 상실하여 발생하는 현상으로 범죄, 수술, 교통사고, 과음이나 과식을 한 대가를 받는 것으로 보면 된다. 형의 종류에는 지세지형과 무은지형, 무례지형, 자형 등이 있다.

① 지세지형

寅, 巳, 申 세 개의 지지로 이루어진다. 두 개의 지지만 있는 경우 즉, 寅과 巳, 巳와 申만 있어도 지세지형이 성립된다. 자기 주변의 세력을 믿고 함부로 날뛰어 일을 그르칠 우려가 높은 것을 암시한다.

寅 巳 申 ○　　寅 巳 ○ ○　　巳 申 ○ ○

② 무은지형

丑, 戌, 未 세 개의 지지로 이루어진다. 지세지형과 마찬가지로 두 개의 지지만으로도 성립된다. 배은망덕하여 남을 무시하고 능가하려는 성향이 있다.

丑 戌 未 ○　　丑 戌 ○ ○　　戌 未 ○ ○

③ 무례지형

子와 卯로 구성된다. 이름 그대로 예의 없이 타인을 무시하고 상대방에게 불쾌감을 주는 성향이 강함을 암시한다.

子 卯 ○ ○

④ 자형

辰과 辰, 午와 午, 酉와 酉, 亥와 亥가 자형이다. 스스로 화를 초래하는 경우가 많다.

辰 辰 ○ ○　　午 午 ○ ○　　酉 酉 ○ ○　　亥 亥 ○ ○

이상의 설명은 모두 형 하나 만에 관한 설명으로 이것을 가지고 운명 전체를 판단할 수는 없다. 합이나 충의 해석 역시 마찬가지다.

(2) 충

충은 합과는 반대 조건으로 극보다도 적극적이며 구체적으로 작용한다. 오행의 성질이 상극되고 대립되면서 방향까지도 반대인 경우가 충이다. 충의 변화는 군주의 신강 신약 여부와 길신 흉신에 따라 다르게 작용한다. 만약 군주가 신강하고 흉신을 충하는 경우라면 발전의 계기가 될 수 있으나, 군주가 신약한데 더하여 길신을 충하면 재앙이 생길 우려가 높다. 충의 가장 큰 의미는 사주 내에서 필요한 오행이 있는데 그 오행이 지장간 속에 들어있는 경우, 충을 통하여 지장간 속의 오행을 밖으로 끌어내어 그 힘을 이용할 수 있다는 것이다. 이것을 '개고開庫'라 한다. 子와 午, 丑과 未, 寅과 申, 卯와 酉, 辰과 戌, 巳와 亥가 지지 충이다. 모두 자기로부터 시작하여 일곱 번째의 지지와 충을 이루니 '칠충七沖'이라 부른다.

子 午　　丑 未　　寅 申　　卯 酉　　辰 戌　　巳 亥

(3) 파

파는 서로간의 파괴 작용을 주관하는 것으로 투쟁의 의미를 지니고 있다. 子와 酉, 午와 卯, 申과 巳, 寅과 亥, 辰과 丑, 戌과 未가 파를 이룬다.

子酉　午卯　申巳　寅亥　辰丑　戌未

(4) 해

해는 육합하는 지지를 충으로 방해하는 지지를 말한다. 육합이나 삼합은 평화와 화합 등을 의미하므로 이러한 합을 방해하는 해는 방해나 투쟁을 야기하는 작용이 나타난다. '천穿'이라고도 한다. 子와 未, 丑과 午, 寅과 巳, 卯와 辰, 申과 亥, 酉와 戌이 해에 해당한다.

子未　丑午　寅巳　卯辰　申亥　酉戌

4. 지장간

지지의 각 글자 속에는 천간 글자가 2개 혹은 3개의 조합으로 구성되어 있다. 구체적으로 살펴보면, 子水의 구성은 천간의 강물 壬水와 빗물 癸水로 구성되어 있는데 절기상 대설 이후 열흘 동안은 壬水가 관장하고 11일째부터 소한 전까지의 20일 동안은 癸水가 역량을 발휘한다는 것이다. 이를 지지에 소장되어 있는 천간이라는 의미의 '지장간支藏干'이라 한다. 주역의 삼재론三才論은 하늘과 땅 그리고 그 사이의 커뮤니케이터 혹은 메신저로서의 인간을 설명한다. 사주에서 하늘의 이치는 천간이, 땅의 변화는 지지가 그리고 인간이 설 자리는 지장간에 마련되어 있다. 바람난 남편, 아내, 그리고 애인을 찾아내는 비법을 활용하는 곳도 지장간이며 알부자를 찾아내는 장소도 지장간 속에서다. 곧 사주의 껍데기만으로는 전혀 파악되지 않는 단면을 들추어낼 수 있는 장치가 지장간이다(성철재, 1998). 이러한 지장간을 '월률분야月律分野' 혹은 '인원사사人元司事' 혹은 '인원용사人元用事'라고도 하며 간단히 '인원人元'이라 하기도 한다. 지지 중에 암장된 천간이 인명을 지배하기 때문에 월률분야장간은 명리학에서 매우 중요한 항목이다.

지장간은 결국 한 달 동안의 기후변화를 나타낸 것으로 천간 오행이 작용하는 기의 흐름을 표시한 것이다. 그 속에는 '초기'와 '중기' 및 '본기'가 있어 한달 동안 어느 오행이 어느 정도의 역할을 하는지를 나타낸다. 초기는 '여기', 본기는 '정기'라고도 한다. 12지지는 3정正 3편偏이라 하여 子 · 卯 · 酉를 제외하고는 모두 3개의 지장간을 가지고 있다. 子 · 午 · 卯 · 酉는 전문의 기로서 '사전四專' 또는 '사정四正'이라 하며 모두 양간과 음간을 가지고 있다. 寅 · 申 · 巳 · 亥는 발생의 기로서 '사생四生' 또는 '사맹四孟'이라고도 하는데 모두 양간만 3개 가지고 있다. 辰 · 戌 · 丑 · 未는 잡기의 기로서 '사묘四墓' 또는 '사고四庫'라고 하며 辰 · 戌은 음간 2개, 양간 1개를 가지고 있고 丑 · 未는 음간만 3개를 가지고 있다.

[지장간]

子 壬(10일) 癸(20일)

丑 癸(9일) 辛(3일) 己(18일)

寅 戊(7일) 丙(7일) 甲(16일)

卯 甲(10일) 乙(20일)

辰 乙(9일) 癸(3일) 戊(18일)

巳 戊(7일) 庚(7일) 丙(16일)

午 丙(10일) 己(10일) 丁(10일)

未 丁(9일) 乙(3일) 己(18일)

申 戊(7일) 壬(7일) 庚(16일)

酉　庚(10일) 辛(20일)

戌　辛(9일) 丁(3일) 戊(18일)

亥　戊(7일) 甲(7일) 壬(16일)

연습문제

1. 천간의 체성이 잘못된 것은?

   ① 甲 - 우레, 동량목, 대림목, 死木

   ② 丁 - 별, 문명, 등불, 용광로

   ③ 戊 - 안개, 황사, 운동장, 전답

   ④ 己 - 구름, 옥토, 윤토, 전원,

   ⑤ 壬 - 눈, 서리, 호수, 강, 바다, 연못

2. 천간의 특성 중 틀린 것은?

   ① 乙 - 겉보기에는 부드럽고 유약하게 보이나 밀고나가는 추진력이 강하다.

   ② 丙 - 밝고 명랑하며 정열적이고 매사 용기 있고 거짓 없다.

   ③ 庚 - 한번 사귀거나 믿었던 사람에게 평생 충성하고 배반하는 일이 없다.

   ④ 辛 - 섬세하고 깔끔하며 약해 보이는듯하나 속으로 단단하고 야무지다.

   ⑤ 癸 - 성질은 태산처럼 믿음직스럽고 묵묵하며 신용이 있고 아량이 넓다.

3. 다음 짝 중 형살에 해당되지 않는 것은?

① 丑戌未

② 子卯

③ 寅巳申

④ 酉酉

⑤ 子巳

4. 다음 짝 중 충살에 해당되지 않는 것은?

① 寅申

② 子午

③ 丑未

④ 卯戌

⑤ 辰戌

5. 다음 짝 중 삼합에 해당되지 않는 것은?

① 寅午戌

② 申酉戌

③ 申子辰

④ 亥卯未

⑤ 巳酉丑

6. 다음 짝 중 육합에 해당되지 않는 것은?

① 子丑

② 卯戌

③ 寅亥

④ 巳申

⑤ 辰未

7. 丑의 지장간으로 맞는 조합은?

① 癸辛甲

② 丁乙戊

③ 辛丁戊

④ 戊丙丁

⑤ 癸辛己

8. 寅, 申, 巳, 亥의 지장간이 공통으로 취하는 초기는?

① 丙火

② 戊土

③ 甲木

④ 壬水

⑤ 丁火

9. 辰, 戌, 丑, 未 土 오행의 지장간 중 중기 장간만으로 묶여진 것은?

① 乙-戊-辛-乙

② 癸-丁-辛-乙

③ 癸-丁-己-己

④ 癸-戊-癸-己

⑤ 戊-戊-辛-乙

10. 庚子年 庚辰月 출생한 사람인데, 청명 후 4일이 지나 태어났다. 月令 用使하는 지장간은?

① 丁

② 甲

③ 乙

④ 癸

⑤ 戊

사주포국

■ 사주포국

1. 사주팔자 세우기

사주팔자를 글자 그대로 풀이하면 '네 기둥과 여덟 글자'다. 명리학은 사람이 태어난 년, 월, 일, 시의 천간과 지지 상호관계를 분석하여 운명을 예측한다. 여기에서 사주를 구성하는 각각의 주柱를 '년주', '월주', '일주', '시주'라고 한다. 하나의 주는 각각 천간과 지지, 두 글자로 구성되므로 4기둥과 8글자가 도출된다.

각각의 주는 다시 '궁宮' 또는 '위位'라는 이름을 가지고 있다. 년주는 부모궁, 월주는 형제궁, 일주는 배우자궁, 시주는 자손궁이다. 각각의 궁이 상징하는 의미 즉, 각 자리[位]의 의미는 다음과 같다. 년주는 국가, 조상, 스승, 윗사람과의 관계를 유추할 수 있는 장소가 되고, 월주는 사회나 직장 같은 자기의 활동무대를, 일주는 배우자와의 관계를, 시주는 자식과 가정의 상황을 파악할 수 있는 곳이 된다. 이곳에서는 사주팔자를 정하는 방법에 관하여 살펴본다. 이는 이론적 설명에 해당하는 것으로 실제 사주를 정하는 방법은 '만세력'이라는 특수한 달력을 통해 쉽게 정할 수 있다. 다만 시주는 만세력이 아닌 계산으로 정해야 한다.

(1) 년주

사주를 정하는 순서는 통상 연월일시의 순서로 나아간다. 이중 년주는 올해의 간지로부터 태어난 해에 이르기까지 육십갑자를 거꾸로 세어 가면 된다. 예컨대 올해를 2008년 戊子년이라 했을 때, 서기 2000년생의 년주를 정하기 위해서는 戊子년에서 시작하여 거꾸로 세어나가 丁亥년, 丙戌년, 乙酉년, 甲申년, 癸未년, 壬午년, 辛巳년, 庚辰년의 순서가 되어 庚辰이 바로 년주가 된다. 이것은 만세력에 표시되어 있으니 만세력을 참조하면 곧바로 알 수 있다. 유의할 점은 한 해의 시작은 정월 초하루가 아니라 '입춘이 시작되는 시간'이라는 것이다. 그러므로 입춘 절기가 시작되기 전에 태어난 사람은 전년과 전월의 간지를 쓴다. 매년마다 입춘이 시작되는 날과 시간은 만세력에 명기되어 있으니 이를 참고한다. 庚辰의 년주를 배정받기 위해서는 양력 2000년 2월 4일 21:40분 이후에 출생해야 한다. 만약 양력 2000년 2월 4일 21:40분 이전에 태어났다면 년주는 庚辰의 한해 전인 己卯년이다.

(2) 월주

사람은 천지 음양의 기를 받아 출생하며 천지간의 만물 또한 사계절 기후를 받아 생성 변화한다. 이러한 까닭으로 사람의 운명을 다루는 데는 태어난 달의 양력 음력을 가리지 않고 월의 절기를 위주로 한다. 월주는 만세력에 표시되어 있는 각 달의 월건月建에 의한다. 유의할 점은, 한해의 시작이 입춘이듯 각 달이 시작하는 기준점 또한 각각의 절기가 시작되는 날, 시작되는 시간이라는 점이다. 각 달의 절기는 다음과 같다.

1월 立春 寅月	2월 驚蟄 卯月	3월 淸明 辰月
4월 立夏 巳月	5월 芒種 午月	6월 小暑 未月
7월 立秋 申月	8월 白露 酉月	9월 寒露 戌月
10월 立冬 亥月	11월 大雪 子月	12월 小寒 丑月

월지는 위와 같이 어느 해를 막론하고 고정불변이다. 청명 이후 입하 이전에 태어난 사람은 辰月이 되고, 한로 이후 입동 이전에 태어난 사람은 월지가 戌이다. 문제는 천간을 찾는 법이다. 월간지 조견표를 보면 쉽게 알 수는 있으나 조견표 없이 천간 찾는 법을 살펴본다. 월주의 천간을 정할 때는 천간의 간합을 활용한다. 매 월의 천간은, 사주의 년간이 합하여 화하는 오행을 생해주는 양간으로부터 寅월이 시작된다. 예컨대 甲이나 己가 년간에 해당하면 甲과 己가 합하여 화하는 오행은 土에 해당하고, 土를 생해주는 오행은 丙이나 丁이 된다. 이중 양간인 丙으로부터 寅月을 배속시켜 나가면 년간이 甲이나 己인 경우의 월간을 알 수 있다. 이를 둔호법遁虎法 또는 연두법年頭法이라 한다. 나머지 월의 천간도 이러한 원리에 의하여 찾아가면 된다.

[표3 월간지 조견표]

월지＼년간	甲·己	乙·庚	丙·辛	丁·壬	戊·癸
寅	丙寅	戊寅	庚寅	壬寅	甲寅
卯	丁卯	己卯	辛卯	癸卯	乙卯
辰	戊辰	庚辰	壬辰	甲辰	丙辰
巳	己巳	辛巳	癸巳	乙巳	丁巳
午	庚午	壬午	甲午	丙午	戊午
未	辛未	癸未	乙未	丁未	己未
申	壬申	甲申	丙申	戊申	庚申
酉	癸酉	乙酉	丁酉	己酉	辛酉
戌	甲戌	丙戌	戊戌	庚戌	壬戌
亥	乙亥	丁亥	己亥	辛亥	癸亥
子	丙子	戊子	庚子	壬子	甲子
丑	丁丑	己丑	辛丑	癸丑	乙丑

(3) 일주

만세력에서 태어난 해의 생월란을 보고 그 달의 초하루가 육십갑자 중 어느 간지에 해당하는가를 확인한 후, 생일까지 육십갑자의 순서대로 헤아려 그 날에 해당하는 간지를 확인하면 된다. 즉, 생일이 정월 초사흘이고 태어난 해의 정월 초하루가 甲子이면 甲子, 乙丑, 丙寅과 같이 甲子에서부터 세 번째인 丙寅일이 일주에 해당한다.

(4) 시주

사주 중 년, 월, 일의 간지는 만세력에 의해 쉽게 정할 수 있으나 시주는 그렇지 않다. 즉, 시주는 만세력에 기재되어있는 것이 아니라 태어난 시간을 확인하여 우선 지지를 정하고 다음으로 일간과의 관계에 의하여 천간을 정한다. 시의 간지를 정하는 법은 월의 간지를 정하는 법과 유사하다. 시의 지지는 일정하게 정해져 있어 변하지 않는다.

[시의 지지]

子시 오후 11시부터 오전 01시 까지(23시부터 01시 까지)
丑시 오전 01시부터 오전 03시 까지(01시부터 03시 까지)
寅시 오전 03시부터 오전 05시 까지(03시부터 05시 까지)
卯시 오전 05시부터 오전 07시 까지(05시부터 07시 까지)
辰시 오전 07시부터 오전 09시 까지(07시부터 09시 까지)
巳시 오전 09시부터 오전 11시 까지(09시부터 11시 까지)
午시 오전 11시부터 오후 01시 까지(11시부터 13시 까지)
未시 오후 01시부터 오후 03시 까지(13시부터 15시 까지)
申시 오후 03시부터 오후 05시 까지(15시부터 17시 까지)
酉시 오후 05시부터 오후 07시 까지(17시부터 19시 까지)
戌시 오후 07시부터 오후 09시 까지(19시부터 21시 까지)

亥시 오후 09시부터 오후 11시 까지(21시부터 23시 까지)

여기에서 子時는 전일에서 시작하여 금일까지 계속되니 0시를 기준으로 하여 23시부터 24시까지는 '야자시', 24시부터 01시까지는 '조자시'로 다시 분류된다.

시의 천간을 정하는 법은 월의 천간을 정하는 법과 유사하게 천간 오행의 간합을 활용한다. 차이점은 월간은 년간과 간합하여 화하는 오행을 생해주는 양의 천간에서부터 寅月을 배속시켜 나갔으나, 시의 천간은 일간과 간합하여 화하는 오행을 극하는 양의 천간에서부터 子時를 배속시켜 나간다는 점이다. 즉, 양력 2008년 9월 16일 오전 6시에 태어났다면 일간은 己未가 되고, 시지는 卯가 된다. 일간이 己이니 甲과 합을 이루어 화하는 오행은 土가 된다. 여기에 土를 극하는 오행은 木이니 양목인 甲에서부터 子時를 배정하여 卯時에 이르기까지 나아가면 甲子, 乙丑, 丙寅, 丁卯로 시의 천간이 丁에 해당하는 것을 알 수 있다. 이를 둔서법遁鼠法 또는 시두법時頭法이라 한다.

[표4 시간지 조견표]

시지＼일간	甲·己	乙·庚	丙·辛	丁·壬	戊·癸
子	甲子	丙子	戊子	庚子	壬子
丑	乙丑	丁丑	己丑	辛丑	癸丑
寅	丙寅	戊寅	庚寅	壬寅	甲寅
卯	丁卯	己卯	辛卯	癸卯	乙卯
辰	戊辰	庚辰	壬辰	甲辰	丙辰
巳	己巳	辛巳	癸巳	乙巳	丁巳
午	庚午	壬午	甲午	丙午	戊午
未	辛未	癸未	乙未	丁未	己未
申	壬申	甲申	丙申	戊申	庚申
酉	癸酉	乙酉	丁酉	己酉	辛酉
戌	甲戌	丙戌	戊戌	庚戌	壬戌
亥	乙亥	丁亥	己亥	辛亥	癸亥

이상 사주를 정하는 법을 살펴보았다. 사주를 구성하고 있는 여덟 글자는 운명을 예측하는 명리학에 있어 최소한의 정보에 해당한다. 만약 사주 중 한글자라도 잘못 기재하면 전혀 다른 운명을 예측하는 것이니 주의 깊게 사주를 세워야 한다.

2. 대운, 태월, 공망, 삼재

2.1. 대운

인간의 운명은 태어난 사주팔자에 의해 결정된다. 이렇게 결정된 운명이 현실에서 언제 어떻게 어떤 형태로 실현될 것인가? 이것을 알 수 있는 정보가 바로 대운이다. 대운을 통해 그 사람이 살아온 과정을 알 수 있고 또한 앞으로 어떻게 살아갈지 예측이 가능하다. 따라서 대운은 한 개인의 역사라 할 수 있다.

대운은 순행順行하는 경우와 역행逆行하는 경우로 구분된다. 순행은 육십갑자의 순서대로 흐르는 것을 말하고, 역행은 육십갑자 반대의 순서로 흐르는 것을 말한다. 순행과 역행의 여부는 년주의 천간이 결정한다. 구체적으로 남자의 경우에는 년간이 양이면 순행하고 음이면 역행한다. 여자의 경우에는 반대로 년간이 양이면 역행하고 음이면 순행한다. 대운이 출발하는 기점은 생월 간지다.

(1) 양남음녀 순행

년주의 천간이 양인 건명乾命은 순행한다. 예컨대, 戊子년 辛酉월에 태어난 남자라면 년주가 戊이니 양간에 해당하고 남자의 명이니 순행한다. 월의 간지인 辛酉를 기점으로 辛酉의 다음인 壬戌, 癸亥, 甲子, 乙丑의 순서로 대운이 진행된다.

○ ○ 辛 戊 乾命
○ ○ 酉 子

己 戊 丁 丙 乙 甲 癸 壬
巳 辰 卯 寅 丑 子 亥 戌

년주의 천간이 음인 곤명坤命은 순행한다. 예컨대, 己丑년 丁卯월에 태어난 여자라면 년주가 己이니 음간에 해당하고 여자의 명이니 순행한다. 월의 간지인 丁卯를 기점으로 戊辰, 己巳, 庚午, 辛未의 순서로 대운이 진행된다.

○○丁己 坤命
○○卯丑

丙乙甲癸壬辛庚己戊
子亥戌酉申未午巳辰

(2) 음남양녀 역행

년주의 천간이 음인 건명은 역행한다. 예컨대, 己丑년 丁卯월에 태어난 남자라면 년주가 己이니 음간에 해당하고 남자의 명이니 역행한다. 월의 간지인 丁卯를 기점으로 丁卯의 이전인 丙寅, 乙丑, 甲子, 癸亥의 순서로 대운이 진행된다.

○○丁己 乾命
○○卯丑

戊己庚辛壬癸甲乙丙
午未申酉戌亥子丑寅

년주의 천간이 양인 곤명은 역행한다. 예컨대, 戊子년 辛酉월에 태어난 여자라면 년주가 戊이니 양간에 해당하고 여자의 명이니 역행한다. 월의 간지인 辛酉를 기점으로 辛酉의 이전인 庚申, 己未, 戊午, 丁巳의 순서로 대운이 진행된다.

○○辛戊 坤命
○○酉子

壬 癸 甲 乙 丙 丁 戊 己 庚
子 丑 寅 卯 辰 巳 午 未 申

(3) 대운수

대운은 순행 또는 역행하면서 십년을 주기로 변하는데 언제 대운이 변하는가를 알아야 한다. 대운이 변하는 나이를 '대운수大運數' 혹은 '행운세수行運歲數'라 한다. 대운수를 계산하는 법은 (ⅰ) 양년생 남자와 음년생 여자, 즉 순행하는 대운의 대운수는 생일부터 다음 달 절기가 시작되는 날까지의 일수를 3으로 나눈다. 몫이 대운수가 되고 나머지는 사사오입한다. 예컨대 정월 25일에 출생하였고 2월 절기인 경칩이 2월 7일이라고 하면, 정월 25일부터 2월 7일까지의 13일을 3으로 나눈다. 몫이 4가 되어 대운수는 4이다. (ⅱ) 음년생 남자와 양년생 여자, 즉 역행하는 대운의 대운수는 생일부터 전 달의 절입일까지의 일수를 3으로 나눈다. 예컨대 정월 15일에 출생하였고 입춘의 시작이 정월 초 5일이었다면 생일로부터 입춘까지의 11일을 3으로 나눈다. 이때 몫은 3이나 나머지가 2가 되니 몫에 가산하여 대운수는 4가 된다.

2.2. 태월, 공망, 삼재

(1) 태월

사주팔자를 구성하는 기본 요소인 년, 월, 일, 시의 간지를 정하는 법을 살펴보았다. 이것만으로도 어느 정도 한 사람의 운명예측은 가능하다. 하지만 좀 더 정확한 간명을 위해 필요한 정보가 있으니 태월胎月과 공망空亡과 삼재三災다. 현재 명리학계에서는 태월에 관해 별다른 의미를 부여하고 있지 않은 것 같으나 난명학 관점에서는 태월에 관한 중요 통변이 다수 존재하니 사주를 감정할 때 반드시 참작해야 한다.

태월은 어머니가 뱃속에 태아를 잉태한 달을 말한다. 태월을 참작하는 이유는 운명에 꼭 필요한 오행이 지장간 등 어느 곳에도 없는 경우, 그것이 만약 태월에라도 있다면 그곳에서 도움을 받기 위해서다. 태월은 어머니가 태아를 잉태한 달이니 출산한 달로부터 10개월을 역산하면 된다. 예컨대 戊辰월에 태어났다면 戊辰, 丁卯, 丙寅, 乙丑, 甲子, 癸亥, 壬戌, 辛酉, 庚申, 己未의 순으로 열 달을 채우게 되어 己未월이 바로 태월이다. 태월을 간단히 표출하는 방법을 소개한다. 월주가 戊辰월인 경우의 태월 산출법은 (ⅰ) 월주의 천간 戊를 기준으로 그 다음 천간인 己가 태월의 천간에 해당하고 (ⅱ) 월주의 지지 辰을 기준으로 辰 다음 세 번째 지지인 未가 태월의 지지에 해당한다.

(2) 공망

공空은 허虛요, 망亡은 무無다. 일반적으로 공망은 그 이름이 암시하듯 사주 본래의 작용을 불가능하게 한다고 해석함이 일반적이다. 예컨대 길성 길신이 있다손 쳐도 그것이 공망에 해당되면 그 역할을 다하지 못하게 되고, 흉성 흉신이 공망에 해당하면 그 흉이 나타나지 않고 해소된다고 보는 것이다. 그러나 공망이 된 오행의 성질과 위치 그리고 육신과 신살의 구성 및 합과 충의 여부에 따라 흉한 것이 변하여 길이 되는 등 변화가 많으니 가볍게 생각해서는 안 된다.

공망은 육십갑자로부터 도출된다. 육십갑자 즉, 천간과 지지를 양대양, 음대음의 순서로 짝지어 나가면 모두 6개의 순旬이 구성된다. 즉 甲子, 甲戌, 甲申, 甲午, 甲辰, 甲寅 순이 그것이다. 하나의 순을 구성하는 천간과 지지 중에서 남는 지지가 공망이다. 甲子순 중에는 戌, 亥가 공망에 해당하고, 甲戌순 중에는 申과 酉, 甲申순 중에는 午와 未, 甲午순 중에는 辰과 巳, 甲寅순 중에는 子, 丑이 공망이다.

(3) 삼재

사주명리학의 가장 큰 골격은, 음양오행으로 재부호화되는 사주 여덟 글자의 힘의 강약과 한난조습의 상태를 측정하여 최종적으로 힘의 재분배를 통해 균형을 맞추고 나아가 적절한 온도를 얻는 과정이라고 할 수 있다. 이 큰 체계 속에서 도화니 역마니 원진이니 혹은 삼재니 하는 신살들이 뛰어논다.

삼재는 삼재팔난三災八難의 줄임말로, 세 가지의 재난과 여덟 가지의 난리를 일컫는 말이다. 세 가지의 재난은 불, 바람, 그리고 물로 인한 재난을 말한다. 여덟 가지의 난리란 손재, 주색, 질병, 부모, 형제, 부부, 관재, 그리고 학업과 관련된 것을 일컫는다. 삼재는 모든 사람에게 12년의 주기로 들어오는 흉신 악살로 정의내릴 수 있다. 3년 동안 머무르는데 그 첫 해를 '들 삼재', 둘째 해를 '눌 삼재', 마지막 셋째 해를 '날 삼재'라고 한다. 일의 시작과 끝마무리가 중요한 것처럼 들 삼재와 날 삼재를 가장 경계하는 해로 삼는다. 그러나 삼재에 해당한다고 하여 너무 걱정만을 앞세울 필요는 없다. 나아가 삼재는 흉한 삼재만이 있는 것이 아니라 좋은 작용을 하는 길한 삼재도 있다. 문제는 삼재의 작용력이 강화되는 시기가 분명히 있다는 점이다. 사주가 흘러가는 대운이 절대적으로 흉한 국면에 처했을 때, 쉽게 말해 운이 안 좋을 때 삼재까지 가세한다면 그 흉이 배가될 수 있다(성철재, 1998).

호랑이, 말, 개띠 생은 申년에 들어와서 戌년에 나가고. 뱀, 닭, 소띠 생은 亥년에 들어와 丑년에 나가고, 원숭이, 쥐, 용띠 생은 寅년에 들어와 辰년에 나가며, 돼지, 토끼, 양띠 생은 巳년에 들어와 未년에 나간다.

寅 · 午 · 戌 생 삼재는 申 · 酉 · 戌 년

巳 · 酉 · 丑 생 삼재는 亥 · 子 · 丑 년

申 · 子 · 辰 생 삼재는 寅 · 卯 · 辰 년

亥 · 卯 · 未 생 삼재는 巳 · 午 · 未 년

3. 통변성

3.1. 통변성의 개념

사주팔자에는 모두 8글자가 등장한다. 이 8글자는 각각 고유한 의미를 지니고 한 사람의 운명을 이끌어간다. 8글자 중에 운명의 주인공인 나[我神]에 해당하는 글자가 일의 천간, 즉 일간이다. 운명 예측은 나에 해당하는 일간과 나를 둘러싸고 있는 환경인 7글자와의 관계를 분석하는 곳에서 시작된다고 할 수 있다. 일간을 중심으로 나머지 3개의 천간과 4개의 지지, 즉 7개의 글자들은 함수관계가 성립된다. 이 함수는 음과 양, 오행의 상생과 상극이라는 변수로 이루어져 있으며 표출된 종속변수인 y값이 바로 '통변성通變星'이다. 예를 들어 일간이 甲일 때 乙과의 관계는 음양은 다르고 오행은 같다. 이런 관계에 대해 명리학은 '겁재'라는 명칭을 부여하였다. 즉 겁재는 일간과 오행은 같고 음양은 다른 관계에 부여되는 통변성이다. 통변성은 비견比肩, 겁재劫財, 식신食神, 상관傷官, 정재正財, 편재偏財, 정관正官, 편관偏官, 정인正印, 편인偏印으로 사주 통변의 가장 핵심적인 뼈대를 구성한다. 모두 10개가 있으니 십신十神이라고도 한다. 음양을 구분하지 않고 오행의 관계로만 십신을 표현하면 비겁, 식상, 재성, 관성, 인성이다. 여기에 나를 포함하면 모두 여섯이니 '육신六神'이라고 한다. 육신을 나의 부모나 형제 또는 처자에 대입하여 육친간의 길흉화복을 파악하니 '육친六親'이라고도 한다. 결국 십신, 육신, 육친, 통변성은 모두 같은 것을 이르는 용어다. 다양한 용어는 통변성을 사회적 표상 혹은 개인적 표상 등 어떤 것으로 인식하느냐에 따른 결과의 산물이다. 십신 표출법은 다음과 같다.

① 비견 : 일간과 오행이 같고 음양이 같은 것
② 겁재 : 일간과 오행이 같고 음양이 다른 것
③ 식신 : 일간이 생하는 것으로 음양이 같은 것
④ 상관 : 일간이 생하는 것으로 음양이 다른 것
⑤ 정재 : 일간이 극하는 것으로 음양이 다른 것
⑥ 편재 : 일간이 극하는 것으로 음양이 같은 것
⑦ 정관 : 일간을 극하는 것으로 음양이 다른 것
⑧ 편관 : 일간을 극하는 것으로 음양이 같은 것
⑨ 정인 : 일간을 생하는 것으로 음양이 다른 것
⑩ 편인 : 일간을 생하는 것으로 음양이 같은 것

십신을 육신으로 축소시키면 다음과 같다.

① 비겁 : 일간과 동일한 오행. 비견과 겁재
② 식상 : 일간이 생하는 오행. 식신과 상관
③ 재성 : 일간이 극하는 오행. 정재와 편재
④ 관성 : 일간을 극하는 오행. 정관과 편관
⑤ 인성 : 일간을 생하는 오행. 정인과 편인
⑥ 일간

육신을 육친으로 표현하면 다음과 같다.

① 극아자 관살
나를 극하는 자. 음양이 다르면 정관, 같으면 편관
② 생아자 인수
나를 생해준 자. 음양이 다르면 정인, 같으면 편인

③ 비아자 비겁

나와 같은 자. 음양이 다르면 겁재, 같으면 비견

④ 아생자 식상

내가 생하는 자. 음양이 다르면 상관, 같으면 식신

⑤ 아극자 재성

내가 극하는 자. 음양이 다르면 정재, 같으면 편재

⑥ 일간 : 아신我神, 군주君主

3.2. 통변성의 특성

통변성은 명조 해석의 기본적 정보이며 핵심이다. 육친으로는 한 사람의 육친골육간 길흉을 판단한다. 통변성을 통해 개인적인 상황과 사회적 능력의 기본 정보를 제공받는다. 운명 해석의 핵심은 통변성의 상관관계를 잘 파악하는데 있다. 통변성의 기본적 특성을 살펴본다.

(1) 비견

비견은 일간과 오행 및 음양이 같은 것을 말한다. 어깨를 나란히 한다는 뜻이니 가정적으로는 형제에 해당하고 사회적으로는 친구가 된다. 비견은 형제나 친구의 힘을 믿고 의지하는 성향이 강하다. 인간관계는 대립적이고 독선적일 수 있으며 사교에는 능하지 못하나 적으로부터 공격을 받을 때는 형제나 친구로부터 협조를 받아서 타개하는 성분이다. 비견이 많으면 재물에 손실이 있음을 암시한다.

(2) 겁재

일간과 오행이 같으면서 음양이 다른 것이 겁재다. 겁재는 이름 그대로 재물을 겁탈하는 성분으로 흉신에 해당한다. 가정적으로는 뜻이 맞지 않는 형제나 이복형제로 보니 강력한 투쟁의 의미를 내포하고 있다. 손재와 불화 배신 등을 의미한다.

(3) 식신

일간이 생하는 오행 중 음양이 같으면 식신이다. 여자의 경우에는 자식에 해당하고 남자에 있어서는 장모에 해당한다. 식신은 재를 생하며 칠살을 제어하고 일간의 덕망을 외부로 표출하는 길신이다. 총명하고 지혜로우며 창의성도 있으니 교육과 학문에 유리하다. 식신이 많으면 병약하게 됨을 볼 수 있을 것이다.

(4) 상관

일간이 생하는 오행 중 음양이 다르면 상관이다. 상관은 재를 생하나 정관을 극하고 일간의 기를 설기시킨다. 남자에게는 자녀와 명예, 여자에게는 남편에 해당하는 정관을 상하게 한다는 상관이라는 이름 때문에 흉신의 하나로 분류된다. 그러나 음양의 조화를 이룬 무형의 설기신으로 자존심 강하고 총명하며 봉사와 희생정신이 투철하다. 예리한 관찰력과 추진력, 연구력, 다재다능한 표현력을 바탕으로 한 예술적 자질과 기예가 있고, 뛰어난 화술과 강의, 연설능력을 발휘하기도 한다. 상관이 많으면 남을 위해 봉사하나 인정받지 못하는 경우가 있다.

(5) 정재

정재는 일간이 극하는 오행 중 음양이 다른 것이다. 재성은 식신이나 상관의 생조를 받으며 관성을 생한다. 그러나 칠살을 생하면 재앙이 발생할 우려가 높다. 정재는 겁재를 제일 두려워하니 관성의 보호가 절실하다. 남자에게는 처를 의미하고 여자에게는 시어머니를 의미한다. 정재는 곧 재물을 의미하는데 정재의 재물은 성실과 근검절약, 신용과 책임을 바탕으로 하여 취득한 재물이다. 군주가 신약한데 재성이 많으면 이성의 난이 야기되거나, 재를 감당하지 못하여 재물로 인한 고통을 받게 될 우려가 높다.

(6) 편재

편재는 일간이 극하는 오행 중 음양이 같은 것이다. 남자에게는 아버지, 애인, 첩이 되고 여성에게는 아버지와 시어머니가 된다. 편재와 정재는 비슷한 길신이나, 편재는 정상적인 이익을 초과하거나 편법, 투기, 부정한 방법에 의하여 취득한 재물 또는 부도덕한 애정상태를 의미하기도 한다. 증권, 부동산, 고리대금 등을 통한 투기, 도박, 뇌물, 횡령 등과 관련된 활동이나 거기에서 나온 재물이 편재의 재물에 해당한다. 욕심은 많으나 다정한 사람으로 많은 돈과 여자를 원하는 것이 편재다. 수단과 사교성이 좋고 의협심, 동정심 있으나 풍류와 낭비벽이 심한 것이 단점이다. 편재가 기신이면 허세가 심하다.

(7) 정관

정관은 일간을 극하는 오행 중 음양이 다른 것이다. 남자에게는 자식을 의미하고 여자에게는 남편이 되므로 매우 중요한 신이다. 관官은 관리한다는 뜻이니 가정이나 단체 혹은 국가의 도덕이요, 질서를 유지하는 법에 해당한다. 질서, 책임, 도덕, 윤리, 제도, 법, 권위, 명예, 정치를 의미하며 관공서나 국가기관 또는 관료의 의미를 갖는다. 예의를 존중하고 명예를 소중히 여기며 준법생활, 형제우애, 자녀에 자상하면서 엄한 사람이다. 재물보다 명예를 중시하고, 편법을 싫어하며 원리원칙을 고수하여 인간적으로는 약간 딱딱한 편이다. 자존심 강하고 명랑 대범한 인품을 선천적으로 지녔다. 정관이 많으면 칠살과 같은 흉신의 성정이 발현되기도 하고 관재수를 당할 우려가 있다.

(8) 편관

편관은 일간을 극하는 오행 중 음양이 같은 것이다. 편관을 달리 '칠살七殺'이라고도 하는데 천간이나 지지 모두 일곱 번째에 해당하는 간지로부터 극을 당하기 때문에 칠살이라고 한다. 남자에게는 자식에 해당하고, 여자에게는 남편이나 남자친구 또는 애인이 된다. 고통과 질병, 재난과 형액, 파산과 단명 등 최악의 흉하고 천한 일을 담당한다. 반면 용감하고 강직하며, 투쟁심과 의협심을 갖춘 무관으로 혁명, 권위와 명예, 군왕과 같은 권세의 화신이 되기도 한다. 군인, 경찰, 법관, 검사, 수사관과 같은 권력직이나 깡패, 건달, 죄수, 협객, 무법자 등이 편관에 비유될 수 있다. 의리와 인정을 소중히 여기고 의협심, 투쟁심이 강하며 약자를 돕고 강자에 대항하는 기질이 강하다. 편관이 많으면 주색을 좋아하고 잘 다투며 성질이 급하고 병약하기 쉽다.

(9) 정인

정인은 일간을 생해주는 오행 중 음양이 다른 것이다. 남녀 모두 어머니에 해당한다. 나를 낳아주고 길러주는 어머니처럼 나의 근원과 뿌리를 의미하고, 스승, 학문, 책, 문서, 학자, 선비 등에 비유할 수 있다. 아무 대가 없이 도와주고 길러주는 어머니, 선생님, 덕망을 갖춘 손위 어른이나 직장 상사를 의미한다. 학자나 선비타입으로 두뇌가 명석하고 탐구심 강하며 노력파이고 선량하다. 그러나 보수적이고 예절을 중시하며 정통성을 따지는 외골수적인 특징이 있다. 자존심 강하므로 자존심을 건드리면 분노한다. 정인이 많으면 우유부단하고 줏대 없이 행동 하는 것을 볼 수 있다.

(10) 편인

편인은 일간을 생해주는 오행 중 음양이 같은 것으로, 계모나 이모에 비유된다. 편인은 기술과 기능성이며 예술과 의료업이다. 체육, 종교, 철학도 해당된다. 그러므로 순수학문이 아닌 수단에 의한 기예로 본다. 임기응변이 능하고 순발력이 있으며 계략과 속임수에도 해당된다. 편인을 '도식倒食' 또는 '효신梟神'이라 부르는데, 도식이란 '밥그릇을 엎는다'는 뜻으로 배신이나 실패, 사기, 재난, 질병, 실직 등을 암시한다. 효신은 올빼미를 말하는데 올빼미는 낮에는 자고 밤에 행동하며 자식을 잡아먹고 부모에 불효하는 대표적인 새에 비유된다. 남이 가지고 있지 않은 독특한 성격을 지니고 있으며 성정은 조급한 편이기도 하고 완고하기도 하여 예측불허다. 편인이 많으면 부모와의 관계가 원만치 않던지 조실부모하고, 쾌락을 탐닉하고 재물에 인색하다.

연습문제

1. 다음 사주의 시 천간은 무엇인가?

□ 癸 壬 甲
丑 未 申 寅

① 丁
② 乙
③ 癸
④ 辛
⑤ 己

2. 다음 사주의 시지는 무엇인가?

甲 丁 丁 乙
□ 亥 亥 巳

① 辰
② 午
③ 子
④ 戌
⑤ 寅

3. 壬辰일 23:30분에 태어난 아기의 시주는?

① 甲子

② 丙子

③ 戊子

④ 庚子

⑤ 壬子

4. 壬辰일 00:30분에 태어난 아기의 시주는?

① 甲子

② 丙子

③ 戊子

④ 庚子

⑤ 壬子

5. 辛巳月에 출생한 사람의 胎月은?

① 己丑

② 壬申

③ 己未

④ 辛卯

⑤ 丁酉

6. 戊亥가 공망에 해당되는 일진이 아닌 것은?

① 丙寅

② 戊辰

③ 辛未

④ 己卯

⑤ 甲子

7. 甲寅순 중의 공망으로 맞는 짝은?

① 戊亥

② 午未

③ 申酉

④ 辰巳

⑤ 子丑

8. 戊寅일 태어난 사람의 空亡 지지로 맞는 것은?

① 未申

② 午未

③ 申酉

④ 辰巳

⑤ 子丑

9. 다음 사주의 3번째 대운으로 맞는 것은?

甲 甲 丁 癸 坤命
子 子 巳 丑

① 甲寅
② 乙卯
③ 丙辰
④ 庚申
⑤ 辛酉

10. 다음 명조의 삼재는?

丙 辛 癸 辛
申 卯 巳 卯

① 寅卯辰
② 巳午未
③ 申酉戌
④ 亥子丑
⑤ 寅午戌

11. 다음 명조에서 공망에 해당하는 통변성은?

丁 庚 戊 庚 坤命
丑 午 寅 戌

① 정인
② 편인
③ 정관
④ 편재
⑤ 비견

12. 일간이 생하는 오행 중 음양이 같은 통변성은 무엇인가?
① 정인
② 편인
③ 상관
④ 식신
⑤ 정관

13. 육친의 연결이 잘못된 것은?
① 정관 - 자식
② 편관 - 자식
③ 정인 - 어머니
④ 정재 - 계모
⑤ 식신 - 자식

14. 통변성의 특성에 관한 설명 중 잘못된 것은?

① 정재 - 성실, 근검절약, 신용, 책임

② 식신 - 총명, 지혜, 창의성

③ 상관 - 봉사, 희생정신

④ 비견 - 기술, 기능성, 예술, 의료업

⑤ 정관 - 질서, 도덕, 윤리, 법

15. 임기응변, 순발력, 계략, 속임수 등을 상징하는 통변성은?

① 겁재

② 상관

③ 편인

④ 편관

⑤ 편재

세력과 기

▌세력과 기

1. 오행의 세력

명리학은 4기둥과 8글자의 상관관계를 분석하여 미래를 예측한다. 그 방법은 오행의 상생 · 상극(합하여 '생극'이라 한다) 관계를 비교하고 형 · 충 · 파 · 해나 합 등 간지의 관계를 분석하여 이루어진다. 여기에 더하여 명조를 구성하고 있는 글자의 힘을 아는 것도 매우 중요하다. 글자의 힘은 세력과 기를 파악하면 알 수 있다. 명리학의 백미 『적천수』에는 "다섯 양간은 기는 따르나 세력은 따르지 않고 다섯 음간은 세력은 따르나 마음은 없다(五陽從氣不從勢 五陰從勢無情義)"(『적천수천미』, 26쪽). 라는 문구가 있다. 양간은 특정 오행의 기가 강할 때 그 기를 따르긴 하나 세력이 강하다 해서 그것을 따르지는 않는다는 말이다. 음간은 특정 오행의 세력이 강한 경우 그 세력을 따르기는 하나 참 뜻은 없다는 말이다. 이 문구에서 알 수 있는 점은, 사주를 구성하는 8글자는 각기 고유의 기를 가지고 있음과 동시에 고유의 세력을 형성하고 있다는 것이다. 세력은 오행 사이의 생극관계와 왕상휴수사旺相休囚死 이론으로 파악한다. 기는 12운성 이론으로 파악한다. 오행의 기세는 결국 운명에서 작용하고 있는 길성이나 흉성의 기세를 의미하는 것으로 운명 감정에 있어 매우 중요한 요소다. 명리학에서는 사주를 구성하는 오행 중 특히 일간의 기세를 신강身强 · 신약身弱 · 신왕身旺 · 신쇠身衰라는 용어로 표현하고 있다.

오행 생극에 의한 세력은 하나의 오행을 돕거나 극하는 글자들의 많고 적음에 의해 결정된다. 하나의 오행을 극하거나 하나의 오행이 극하는 오행이 많으면 약한 것으로 판단한다. 하나의 오행을 생해주거나 하나의 오행과 같은 오행이 많으면 강한 것으로 판단한다. 이 하나의 오행이 일간인 경우를 신강 혹은 신약이라 표현한다. 즉 비견, 겁재, 인성이 많으면 신강으로, 식신, 상관, 재성, 관성이 많으면 약한 것으로 판단한다. 어느 정도 산술적이다. 여기에 계절과의 관계를 나타내는 왕상휴수사 이론을 접목하여 일간의 강약을 결정짓는다.

오행은 계절에 따라 왕성해지기도 하고 쇠약해지기도 한다. 예컨대 木은 봄에, 火는 여름에, 金은 가을에, 水는 겨울에, 土는 辰 · 戌 · 丑 · 未월에 그 기운이 강하다. 이처럼 계절에 따른 오행의 강약을 파악하기 위해 사용되는 이론이 왕상휴수사 이론이다. 木은 봄에 가장 강하니 봄에는 木이 왕이 된다. 왕상휴수사의 원리를 살펴본다.

(1) 봄

나무[木]는 봄에 가장 왕旺하다. 木이 왕하면 능히 火를 생할 수 있고 火는 木의 자식이 되니 능히 아버지의 부업을 계승한다. 따라서 봄에는 火가 상相이 된다. 木은 水의 생함을 받는다. 水는 나를 생해 주는 부모가 되는 것이다. 이제 부모님의 기운을 얻은 자식이 부모를 이어 이름을 날리고 지위가 높이 오르니 나를 생해 준 이의 기운은 퇴보됨을 알 수 있다. 이로써 水는 휴休가 되는 것이다. 火는 능히 金을 극한다. 金은 木의 귀鬼가 되는데, 나의 자식인 火가 능히 金을 제어하여 金은 그 극하는 기운을 펼칠 수가 없다. 고로 金은 수囚가 된다. 火는 능히 土를 생하고 土는 木의 재財가 된다. 재라 함은 숨기고 감추어야 되는 물건이다. 초목이 피어나면 土는 기운이 다하게 되고, 춘목이 土를 극하니 土는 사死가 된다.

(2) 여름

여름에는 불[火]이 왕하다. 왕한 火는 능히 土를 생하니 土는 상이 되고, 木은 火를 생해 주니 휴가 되며, 水는 火를 극하니 곧 여름의 水는 수가 된다. 火가 金을 극하니 여름의 金은 사가 된다.

6월은 土가 왕한 계절이다. 왕한 土가 金을 생하니 6월 金은 상이 되고, 火는 土를 생하니 6월의 火는 휴가 되며, 木이 土를 극하니 木은 수가 되고, 土는 水를 극하니 水는 사가 된다.

(3) 가을

가을은 金이 왕한 계절이다. 金이 水를 생하니 水가 상이요, 土가 金을 생해 주니 土가 휴가 되고, 火가 金을 극하니 火가 수가 되며, 金이 木을 극하니 가을에는 木이 사가 된다.

(4) 겨울

겨울은 水가 왕한 계절이다. 水生木하니 겨울에는 木이 상이요, 金生水하니 金이 휴가 되며, 土剋水하니 겨울 土는 수가 되며, 水剋火하니 겨울 火는 사가 된다(『삼명통회』, 120쪽 참조).

봄에는 木이 왕하다. 火는 상, 土는 사, 金은 수, 水는 휴가 된다. 오행을 기준으로 왕상휴수사를 정리하면 다음과 같다. 木은 봄에는 왕하고, 여름에는 휴, 가을에는 사, 겨울에는 상, 환절기에는 수가 된다. 이중 왕과 상은 강한 것으로 휴, 수, 사는 약한 것으로 판단한다.

[표5 왕상휴수사]

계절 \ 오행	木	火	土	金	水
春	旺	相	死	囚	休
夏	休	旺	相	死	囚
秋	死	囚	休	旺	相
冬	相	死	囚	休	旺
季	囚	休	旺	相	死

2. 12운성의 기

12운성運星은 시간의 경과에 따른 만물의 변화를 12개의 진행단계로 구분한 것이다. 세부적으로 절絶, 태胎, 양養, 장생長生, 목욕沐浴, 관대冠帶, 건록建祿, 제왕帝旺, 쇠衰, 병病, 사死, 묘墓로 구성된다. 이를 두고 사람이나 사물이 태어나 죽는 과정을 표시한 술어라고 말하기도 하나 그 실질은 시간의 흐름에 따른 기의 변화를 나타낸 것이다. 12운성을 적용하면 사주를 구성하고 있는 10천간의 기를 알 수 있다. 12운성 각 궁의 의미는 다음과 같다.

(1) 절

오행 십이궁 중 첫 번째를 '수기受氣' 혹은 '절絶' 혹은 '포胞'라 한다. 이는 만물이 아직 땅속에 있어 아무런 형상이 만들어지지 않은 상태를 말한다. 마치 어머니의 뱃속이 아직 태아를 잉태하지 못하고 비어 있음과 같다.

(2) 태

두 번째는 '수태受胎'다. 천지간의 기운이 서로 감응하여 만물을 만들어 내는 상태로 만물이 처음으로 땅속에서 싹트고 있음과 같다. 이는 사람이 부모의 기운을 받아 잉태된 상태와 같다.

(3) 양

세 번째는 '성형成形' 혹은 '양養'이라 한다. 만물이 땅속에서 그 형태를 이루는 것이 사람이 어머니의 복중에서 그 형상을 이룸과 같다.

(4) 장생

네 번째가 '장생長生'이다. 만물이 그 꽃피움(절정기)을 위하여 출발하기 시작하는 때이니 사람이 장성해 나가기 위해 처음 세상의 빛을 볼 때와 같다.

(5) 목욕

다섯 번째를 '목욕沐浴' 혹은 '패敗'라 한다. 만물이 처음 태어나 아직 그 형체가 단단하지 못하여 손실되기 쉬운 것이 사람이 생후에 목욕을 하는 것과 같은 곤란한 처지에 놓이게 됨과 같다.

(6) 관대

여섯 번째를 '관대冠帶'라 한다. 만물이 점차 번성하고 아름다워지는 것이 사람이 의관을 갖춘 것과 같다.

(7) 임관

일곱 번째가 '임관臨官'이다. 만물이 이미 꽃 피우기 시작했음이니 사람이 관직에 나아가는 것과 같다. 록이라고도 한다.

(8) 제왕

여덟 번째가 '제왕帝旺'이다. 만물이 성숙되는 것이 사람이 인생의 전정기에 있음과 같다.

(9) 쇠

아홉 번째가 '쇠衰'다. 만물의 형상이 쇠하여지는 것이 사람의 기운이 쇠진해지는 것과 같다.

(10) 병

열 번째를 일러 '병病'이라 한다. 만물이 병드는 것이 마치 사람이 병듦과 같다.

(11) 사

열한 번째를 '사死'라 한다. 사람이 죽는 것과 같이 만물이 죽음에 이른다.

(12) 묘

열두 번째가 '묘墓' 혹은 '고庫'다. 만물이 그 역할을 다한 이후에 곳집 속에 저장되어 있음이 마치 사람이 삶을 다하고 흙[墓地]으로 돌아감과 같다. 흙으로 돌아간다 함은 곧 또다시 새로운 생명의 기운을 받아 다시 태어남을 의미한다(『삼명통회』, 121쪽 참조).

명리학 12운성은 두 가지 역할을 수행한다. 첫째 12운성을 구성하고 있는 12단계의 상태를 그대로 명조에 적용하여 직접적으로 길흉을 판단한다. 예컨대 사지나 묘지에 들면 나쁘고 건록이나 제왕, 장생 등을 만나면 좋다는 식이다. 둘째 10천간의 기를 파악하는 원리로 작용하는데 이것이 12운성 본연의 역할이다. 그 판단 기준을 정리한다. 일간은 위치에 관계없이 지지에서 록, 왕, 장생, 묘고를 만나면 기가 약하지 않다. 이는 신강 혹은 신왕의 조건이 된다. 또한 지지의 록이나 장생은 천간의 비견보다 일간을 강하게 한다. 12운성 표출법을 실례를 통해 살펴본다.

예1] 時 日 月 年
甲 己 丙 丙 乾命
子 巳 申 子

생일 천간 己가 나에 해당한다. [표6 12운성]에서 己를 기준으로 12운성을 표출하면 년지 子는 절에 해당하고, 월지 申은 욕, 일지 巳는 왕, 시지 子는 절에 해당함을 알 수 있다. 이는 일간을 기준으로 12운성을 표출한 것이다.

예2] 時 日 月 年
己 庚 辛 丁 坤命
卯 申 亥 巳

생일 천간 庚이 나에 해당한다. 庚을 기준으로 12운성을 표출하면, 년지 巳는 장생에 해당하고, 월지 亥는 병, 일지 申은 록, 시지 卯는 태에 해당함을 알 수 있다. 같은 방식으로 나머지 천간의 12운성을 표출하여 그 강약을 측정할 수 있다. 위의 예2]에서 년간 丁의 12운성을 살펴보면 巳는 왕, 亥는 태, 申은 욕, 卯는 병궁에 해당함을 알 수 있다. 계속해서 모든 천간 글자들의 12운성을 살펴본다.

예3] 時 日 月 年
丙 辛 癸 辛 坤命
申 卯 巳 亥

년간과 일간 辛金은 亥가 목욕, 巳는 사, 卯는 절, 申은 왕궁이다. 월간 癸水는 亥가 왕, 巳는 태, 卯는 장생, 申은 사궁이다. 시간 丙火는 亥가 절, 巳가 건록, 卯가 목욕, 申은 병궁이다.

[표6 12운성]

12운성 천간	絶	胎	養	生	浴	帶	祿	旺	衰	病	死	墓
甲	申	酉	戌	亥	子	丑	寅	卯	辰	巳	午	未
乙	酉	申	未	午	巳	辰	卯	寅	丑	子	亥	戌
丙	亥	子	丑	寅	卯	辰	巳	午	未	申	酉	戌
丁	子	亥	戌	酉	申	未	午	巳	辰	卯	寅	丑
戊	亥	子	丑	寅	卯	辰	巳	午	未	申	酉	戌
己	子	亥	戌	酉	申	未	午	巳	辰	卯	寅	丑
庚	寅	卯	辰	巳	午	未	申	酉	戌	亥	子	丑
辛	卯	寅	丑	子	亥	戌	酉	申	未	午	巳	辰
壬	巳	午	未	申	酉	戌	亥	子	丑	寅	卯	辰
癸	午	巳	辰	卯	寅	丑	子	亥	戌	酉	申	未

3. 왕쇠강약

신강 · 신약 · 신왕 · 신쇠는 모두 일간의 기세를 표현한 용어다. 일간의 상태를 중시하는 이유는 두말할 나위 없이 나의 운명에는 내가 중심이기 때문이다. 따라서 간명의 첫 걸음은 나, 즉 일간의 강약을 측정하는 곳에서 시작된다. 만일 일간이 지나치게 왕성하면 과유불급이라는 말처럼 일에 임하여 분수를 망각하는 현상 등이 나타나 흉이 될 수 있다. 반대로 일간이 너무 쇠약하면 어떤 상황을 감당하는 데에 역량이 부족하여 흉이 될 수 있으니 일간은 적당히 강왕해야 한다. 명리학계에서 일반적으로 통용되고 있는 신강 · 신약의 구분 기준을 소개한다.

우선 출생한 달에 일간이 왕성한 가를 살핀다. 만약 일간이 왕성해지는 달에 태어났다면 '월령月令을 얻었다'고 표현하다. 예컨대 木 일간은 봄에, 火는 여름에, 金은 가을에, 水는 겨울에 태어나면 월령을 얻은 것이다. 일간이 생조를 받으면 신강이다. 일간이 생조를 받는다는 것은 일간과 같은 오행인 비견이나 겁재가 있거나 일간을 생해 주는 인성 등이 있는 것을 말한다. 일간이 지지에서 12운성의 장생 혹은 건록 등을 만나면 '득기得氣했다'고 하여 신강 혹은 신왕의 조건이 된다. 일간이 지장간에서 같은 오행을 만나면 '통근通根했다'고 하여 약하지 않다. 다음은 신약 혹은 신쇠의 구분 기준이다.

일간이 극을 당하면 신약이다. 일간이 극을 당한다는 것은 일간을 극하는 정관이나 편관 등을 만나는 것이다. 일간의 기를 설기시키는 것을 만나면 일주가 약해진다. 일간의 기를 설기시킨다 함은 일간이 생해주는 식신이나 상관 혹은 일간이 극하는 정재나 편재를 만나는 것이다. 일간이 지지에서 12운성의 사궁이나 절궁을 만나면 '실기失氣했다' 하여 신쇠한 것으로 간주한다.

이와 같은 오행의 강약을 측정하는 이론은 구체적으로 어떻게 활용되는 것인가? 명리학에서는 일간을 군주라 하여 운명의 주인공으로 인식한다. 운명을 잘 개척해 나가기 위한 조건중의 하나로 군주가 강할 것을 요구하는데 이때 군주의 힘을 측정하는 도구로 12운성이나 왕상휴수사 이론이 활용된다. 한 걸음 나아가 군주의 힘을 측정할 뿐만 아니라 나머지 천간의 힘도 측정 가능하다. 이로써 사주 내의 어느 글자,

즉 어떤 통변성이 가장 막강한 영향력을 행사하면서 그 운명을 이끌고 가는지를 가늠할 수 있게 된다. 실례를 통해 일간을 비롯한 천간 글자 모두의 왕쇠강약을 살펴본다.

예4] 時 日 月 年 坤命
癸 丙 己 庚
巳 午 丑 子

월지와의 관계, 즉 丑월 겨울의 왕상휴수사를 살펴보자. 庚金은 휴, 己土는 수, 丙火는 사, 癸水는 왕이 된다. 이 명조는 癸水가 월령을 얻은 것이다. 계절과의 관계에서는 癸水가 강하고, 휴수사에 해당하는 庚金, 己土, 丙火는 약하다.

12운성을 살펴보자. 우선 년간 庚金의 12운성은 다음과 같다. 년지 子는 사궁, 월지 丑은 묘궁, 일지 午는 욕패지, 시지 巳는 장생궁에 해당한다. 약하긴 하지만 시지에 장생이 있어 기는 얻었다. 월간 己土에게 子는 절궁, 丑은 묘지, 午는 건록, 巳는 왕궁에 해당한다. 건록과 왕궁이 있어 강하다. 일간 丙火에게 子는 태궁, 丑은 양궁, 午는 왕궁, 巳는 록궁에 해당한다. 역시 건록과 왕궁이 있어 강하다. 시간 癸水에 子는 건록, 丑은 대궁, 午는 절궁, 巳는 태궁이다. 또한 월지 丑에 통근했다. 월지에 통근하고 월령을 얻었으며 득기 했으니 가장 강하다. 본 명조는 일간 丙火, 己土 상관, 癸水 정관이 우열을 가리기 힘들 정도로 서로 강함을 알 수 있다. 庚金의 기세는 이들에 비해 다소간 약하다.

예5] 時 日 月 年
乙 辛 丁 庚 坤命
未 酉 亥 戌

亥월, 즉 겨울생이다. 겨울에 金은 휴이고, 火는 사, 木은 상이다. 다른 오행보다 木이 월령의 기운을 가장 많이 받았다. 12운성을 살펴보자. 庚金은 戌이 쇠, 亥는 병, 酉는 왕, 未는 대궁이다. 丁火는 戌이 양, 亥는 태, 酉는 장생, 未는 대궁이다. 일간 辛에게 戌은 대, 亥는 목욕, 酉는 건록, 未는 쇠궁이다. 乙木에게 戌은 묘지, 亥는 사, 酉는 절, 未는 양궁이다. 庚金은 년지 戌에 통근하고 일지 酉가 왕궁이 되어 강하다. 丁火는 戌과 未에 통근하여 약하지 않다. 일간 辛金은 戌에 통근하고 酉가 건록이 되어 신강하다. 乙木은 월지 亥에 통근하고 未에 통근하여 약하지 않다. 위 명조에서는 일간이 건록을 얻어 가장 왕하다.

연습문제

1. 戊가 寅을 만나면 12운성 무슨 궁인가?

   ① 건록

   ② 장생

   ③ 목욕

   ④ 임관

   ⑤ 묘지

2. 甲, 丙, 戊, 庚, 壬 양간 다섯 중에서 巳가 장생에 해당하는 천간은?

   ① 甲

   ② 丙

   ③ 戊

   ④ 庚

   ⑤ 壬

3. 양, 대, 쇠, 묘 네 가지 12 운성은 어느 오행에 해당하는가?

   ① 木

   ② 火

   ③ 土

   ④ 金

   ⑤ 水

4. 12운성 중 록궁과 충하는 궁은?

① 절(絶)

② 태(胎)

③ 양(養)

④ 생(生)

⑤ 사(死)

5. 乙, 丁, 己, 辛, 癸의 帶궁으로 옳은 조합은?

① 未 - 未 - 戌 - 丑 - 辰

② 未 - 戌 - 丑 - 辰 - 辰

③ 戌 - 戌 - 丑 - 辰 - 未

④ 戌 - 丑 - 丑 - 辰 - 未

⑤ 辰 - 未 - 未 - 戌 - 丑

6. 다음 명조의 년지에서부터 시지까지 일간 12운성의 배합으로 올바른 것은?

丁 己 丙 甲 坤命
卯 酉 寅 午

① 병 - 록 - 태 - 절

② 록 - 태 - 생 - 병

③ 생 - 사 - 록 - 병

④ 록 - 양 - 병 - 생

⑤ 록 - 사 - 생 - 병

7. 다음 명조에서 년지부터 시지까지의 정관 12운성의 배합으로 맞는 것은?

甲 己 乙 庚 坤命
戌 亥 酉 午

① 사 - 태 - 병 - 쇠
② 사 - 태 - 양 - 장생
③ 사 - 장생 - 태 - 양
④ 사 - 태 - 장생 - 양
⑤ 사 - 태 - 양 - 태

8. 다음 명조의 월지에 대한 년부터 시의 천간 12운성 배합으로 옳은 것은?

戊 丙 丁 辛
戌 午 酉 丑

① 록궁 - 생궁 - 양궁 - 양궁
② 록궁 - 생궁 - 사궁 - 양궁
③ 양궁 - 사궁 - 왕궁 - 묘궁
④ 록궁 - 생궁 - 사궁 - 사궁
⑤ 양궁 - 왕궁 - 사궁 - 양궁

9. 다음 중 군주가 가장 신약한 경우는?

① 寅월 甲木

② 巳월 丙火

③ 申월 庚金

④ 亥월 甲木

⑤ 亥월 庚金

10. 다음 명조에 관한 설명 중 잘못된 것은?

庚 丙 乙 甲 坤命
寅 戌 亥 午

① 편재는 일지에 통근했다.

② 편인은 월지에 장생이다.

③ 정인은 월지가 사궁이다.

④ 일간은 월령을 얻지 못했다.

⑤ 일간은 뿌리가 없어 매우 약하다.

신살

■ 신살

1. 12신살

신살神殺이란 한자의 의의처럼 신비하고 무서운 이면을 내포하고 있다. 명리학에서 일종의 통계적 작용을 수행한다. 통계적 작용이란 말을 한다고 하여 명리학 자체를 통계로 간주한다는 말은 아니다. 명리학 자체는 4계절의 변화와 특정 오행 사이의 함수 관계를 논하는 학문이므로 형이상학 자체가 되어 통계의 범주로 다루기에는 좀 무리가 있다. 그러나 십간십이지의 상호 조합관계로 이루어지는 신살의 작용은 통계적 속성이 어느 정도는 들어있는 것이 사실이기에 위와 같이 언급한 것이다. '신神'은 통상 길한 작용을 한다고 일컫고, '살殺'은 그 반대 작용을 한다고 기술한 책들이 많으나 이는 잘못된 이해의 소산이다. 한 사주를 푸는 데 있어 지극히 필요한 오행을 통칭 '희신喜神'이라 일컫는다. 무시무시한 신살이라도 이 희신에 붙게 되면 그 작용은 길한 쪽으로 전변하여 인생에 꼭 필요한 양념으로 작용한다. 대개의 경우 그렇다. 그러나 궁과 관련된 통변은 여전히 불변의 속성으로 남아 있기도 하다. 궁이란, 네 기둥자리의 속성을 말하는 것이니 예컨대, 시주는 자식궁 혹은 가정궁이라 한다. 혈광사血光死를 주재하는 백호살이 자식궁에 있으면 '자식을 먼저 보내는 일이 있을 수 있다...'는 식으로 통변할 수 있는데 이는 궁과 신살 사이의 불변함수를 해석한 것이다. 그러나 정관 격국에 망신살亡神殺이 붙어 정관망신격正官亡神格이 되었다면 이 경우는 망신이라는 흉한 살이 희신으로 화하여 길성 망신이 되는 것이니 이 경우는 불변함수가 아닌 가변함수가 되는 것이다. 신살의 주요 작용은 결국 통변에 달려있다. 기초반이 끝나고 중급반으로 향하게 되면 이 말의 의의를 70% 정도 이해할 수 있는 날이 올 것이다.

신살은 크게 12신살과 그 밖의 신살이 있다. 겁살劫殺, 재살災殺, 천살天殺, 지살地殺, 년살年殺, 월살月殺, 망신살亡神殺, 장성살將星殺, 반안살攀鞍殺, 역마살驛馬殺, 육해六害, 화개살華蓋殺을 일컬어 12신살이라 한다. 12신살은 생년의 지지를 기준으로 표출한다. 그러므로 모든 운명은 필연적으로 4개의 신살은 기본적으로 가지고 있다. 특히 신살에 해당하는 지지 글자의 본기가 천간에 있는 경우에도 어느 정도 신살의 작용력이 있다. 예컨대 호랑이 띠의 도화살은 卯다. 지지에 卯가 없는 경우에도 천간에 乙이 있으면 운명에 어느 정도 도화의 기가 작용한다.

(1) 겁살

겁살은 바깥의 기운에 의해 빼앗기는 것을 말한다. 삼합회국의 절지에 해당하는 것을 겁살로 취한다. 즉, 寅 · 午 · 戌 삼합의 오행은 火가 되고 火의 절지는 亥가 되니 寅 · 午 · 戌의 겁살은 모두 亥에 있다. 이러한 원리로 겁살을 도출하면 巳 · 酉 · 丑의 겁살은 寅, 申 · 子 · 辰의 겁살은 巳, 亥 · 卯 · 未의 겁살은 申에 있다.

寅 · 午 · 戌　亥
巳 · 酉 · 丑　寅
申 · 子 · 辰　巳
亥 · 卯 · 未　申

(2) 망신살

망신살은 내부로부터의 손실을 말한다. 망신살은 오행 건록의 지에 있다. 망신살의 구성 원리를 살펴보면, 水生木이니 申 · 子 · 辰은 亥가 망신이다. 亥중 甲木이 水를 설기하기 때문이다. 火生土니 寅 · 午 · 戌은 巳가 망신이다. 巳중 戊土가 火를 설기하기 때문이다. 金生水니 巳 · 酉 · 丑은 申이 망신이다. 申중 壬水가 金을 설기하기 때문이다. 木生火니 亥 · 卯 · 未는 寅이 망신이다. 寅중 丙火가 木을 설기하기 때문이다.

寅 · 午 · 戌	巳
巳 · 酉 · 丑	申
申 · 子 · 辰	亥
亥 · 卯 · 未	寅

(3) 역마살

삼합회국의 장생을 충하는 신을 역마로 취한다. 즉, 寅 · 午 · 戌 삼합 오행 火의 장생은 寅에 있으니 寅과 충하는 申을 역마살로 취하는 것이다. 이러한 원리에 의하여 역마살을 도출하면, 巳 · 酉 · 丑의 역마는 亥, 申 · 子 · 辰의 역마는 寅, 亥 · 卯 · 未의 역마는 巳에 있다. 나아가면서 변화하기 쉽고 분망하게 충하고 왕래하는 것은 오직 역마뿐이라고 한다. 어린아이와 노인은 역마를 보면 불리하다. 역마는 오행 중에 동요와 도약의 신 위에 존재하기 때문이다. 역마 뒤 일신은 반안이다. 사람이 말을 타기 위해서는 안장이 있어야 하니 역마에는 반안이 필요하다고 한다.

寅 · 午 · 戌　申
巳 · 酉 · 丑　亥
申 · 子 · 辰　寅
亥 · 卯 · 未　巳

(4) 년살

년살은 '도화살桃花殺' 혹은 '함지살咸池殺'이라고도 한다. 중국의 회남자淮南子는 함지에 관하여 설명하기를 "태양은 부상扶桑에서 떠올라 함지咸池로 들어간다. 함지는 오행 목욕의 땅이 되니 이는 태양이 들어간다는 의미를 취한 것이요, 만물이 어두워지는 때를 말한다"고 하였다. 寅 · 午 · 戌은 卯가, 巳 · 酉 · 丑은 午가, 申 · 子 · 辰은 酉가, 亥 · 卯 · 未는 子가 함지에 해당한다. 함지는 삼합 장생지의 다음에 위치하고 목욕의 지에 해당하니 일명 '패신敗神'이라고도 한다. 함지는 대략 7가지 정도의 의미로 해석된다.

寅 · 午 · 戌　卯
巳 · 酉 · 丑　午
申 · 子 · 辰　酉
亥 · 卯 · 未　子

(5) 화개살

삼합의 묘신墓神을 화개로 취한다. 즉, 寅 · 午 · 戌 火의 묘지는 戌, 巳 · 酉 · 丑 金의 묘지는 丑, 申 · 子 · 辰 水의 묘지는 辰, 亥 · 卯 · 未 木의 묘지는 未에 있으니 이들이 화개에 해당한다. 화개는 고독과 학문, 수도를 주관한다.

寅 · 午 · 戌　戌

巳 · 酉 · 丑　丑

申 · 子 · 辰　辰

亥 · 卯 · 未　未

(6) 육해

'해害'는 어려움을 당한다는 의미다. 육해는 역마의 앞 일신에 위치하고, 겁살의 뒤 이신에 위치한다. 육해는 삼합의 사궁에 해당하니 재앙이 된다. 사이불생死而不生하니 육해를 소위 '액厄'이라 이른다. 만약 구호가 있으며 생왕하고 귀기의 도움을 겸하고 있으면 길하다.

寅 · 午 · 戌　酉

巳 · 酉 · 丑　子

申 · 子 · 辰　卯

亥 · 卯 · 未　午

(7) 천살

지살의 뒤 일신이 천살이다. 천살은 상제로서 임금이란 뜻도 되지만 함부로 할 수 없음을 의미한다. 주로 천앙(天殃: 하늘에서 내리는 재앙)을 주관하고 관사官事나 상사喪事를 주관하기도 한다.

寅 · 午 · 戌　丑

巳 · 酉 · 丑　辰

申 · 子 · 辰　未

亥 · 卯 · 未　戌

(8) 지살

지살은 천살의 앞과 도화의 뒤에 위치하며 역마와 충을 이루고 있다. 지살이 있는 사람은 지모가 제갈량과 같고 사색이 많다. 지살은 임금이 타는 군마에 비유할 수 있는 것으로 역마살에 준하는 것으로 판단한다.

寅·午·戌 寅

巳·酉·丑 巳

申·子·辰 申

亥·卯·未 亥

(9) 재살

재살은 성질이 용맹하여 항상 겁살의 앞에 위치하고 장성을 충한다. 따라서 재살이라 명한다. 申·子·辰의 장성은 子에 있고 午가 가서 子와 충한다. 寅·午·戌의 장성은 午에 있고 子가 가서 午와 충한다. 巳·酉·丑의 장성은 酉에 있고 卯가 가서 酉와 충한다. 亥·卯·未의 장성은 卯에 있고 酉가 가서 卯와 충한다. 사주에 재살이 있으면 복은 적고 화는 많다. 재살이 신身을 극하면 흉하다. 만약 복신의 도움이 있으면 대부분 무관이다.

寅·午·戌 子

巳·酉·丑 卯

申·子·辰 午

亥·卯·未 酉

(10) 반안살

역마의 바로 전이 반안이다. 반안은 말의 안장이라는 의미니 역마가 있어야 그 작용력이 크게 나타날 것이다.

寅 · 午 · 戌　未
巳 · 酉 · 丑　戌
申 · 子 · 辰　丑
亥 · 卯 · 未　辰

(11) 월살

화개를 충하는 것이 월살이다.

寅 · 午 · 戌　辰
巳 · 酉 · 丑　未
申 · 子 · 辰　戌
亥 · 卯 · 未　丑

(12) 장성살

장성이 사주에 있으면 문무를 겸비하며 높은 벼슬에 오른다. 망신살의 앞 일신과 반안살의 뒤 일신에 위치하며 재살과 충을 이루고 있다.

寅 · 午 · 戌　午
巳 · 酉 · 丑　酉
申 · 子 · 辰　子
亥 · 卯 · 未　卯

2. 기타 신살

신살의 종류는 일백 이십여 가지가 있다고 한다. 이곳에서는 운명에 강하게 작용하는 중요 신살을 흉신과 길신으로 분류하여 살펴본다.

2.1. 흉신류

(1) 급각살

주로 낙상, 골절, 신경통 등의 질병과 재앙을 주관한다.

寅 · 卯 · 辰월생 亥 · 子

巳 · 午 · 未월생 卯 · 未

申 · 酉 · 戌월생 寅 · 戌

亥 · 子 · 丑월생 丑 · 辰

(2) 단교관살

낙마, 낙상 등의 추락 사고를 주관한다. 어린아이에게 급각살과 단교관살이 함께 있으면 그 작용력이 더욱 강하다고 볼 수 있다.

정월 寅, 이월 卯, 삼월 申

사월 丑, 오월 戌, 유월 酉

칠월 辰, 팔월 巳, 구월 午

시월 未, 십일월 亥, 십이월 子

(3) 귀문관살

정신이상이나 신경쇠약 또는 불면증 등 주로 정신적 측면의 흉을 주관한다.

子酉　　丑午　　寅未　　卯申　　辰亥　　巳戌

(4) 탕화살

화상이나 약물중독, 가스중독, 음식물로 인한 식중독 등 각종 중독의 질병을 주관한다. 寅 · 丑 · 午 · 辰이 함께하면 탕화살이다. 탕화살의 주신은 丑 · 午이니 丑과 午는 반드시 있어야 탕화살이 이루어진다.

寅丑午辰

(5) 낙정관살

우물에 빠진다는 이름 그대로 우물이나 맨홀 웅덩이 강물 등에 실족하여 추락하는 것을 주관한다. 비유적으로 함정에 빠지는 것도 이것에 의한 작용으로 해석하기도 한다. 甲일주나 己일주의 지지에 巳가 있으면 낙정관살이다. 乙일주나 庚일주에 子, 丙일주나 辛일주에 申, 丁일주나 壬일주에 戌, 戊일주나 癸일주에 卯가 있으면 낙정관살이다.

甲 · 己　　巳
乙 · 庚　　子
丙 · 辛　　申
丁 · 壬　　戌
戊 · 癸　　卯

(6) 백호대살

예전에는 호랑이에 의한 재앙을 말하였으나 호랑이가 없는 현대에는 각종 사고로 인하여 피를 흘리게 되는 것을 백호대살의 작용으로 보면 될 것이다. 사주에 甲辰, 乙未, 丙戌, 丁丑, 戊辰, 壬戌, 癸丑 중 하나가 있으면 백호대살이다.

甲	乙	丙	丁	戊	壬	癸
辰	未	戌	丑	辰	戌	丑

(7) 괴강살

괴강살이 좋게 작용하면 총명, 엄격, 과단, 준민, 영리 등을 주관하여 문장이나 문화에 능하니 좋은 운을 만나면 크게 성공하여 이름을 떨칠 수 있다. 그러나 흉하게 작용하면 고독, 납치, 감금, 구금, 가출 등 악행을 주관한다. 사주에 庚辰, 庚戌, 壬辰, 壬戌, 戊辰, 戊戌 중 어느 하나가 있으면 괴강살이다.

庚	庚	壬	壬	戊	戊
辰	戌	辰	戌	辰	戌

(8) 원진살

원망과 불신을 주관한다. 지지에 子와 未, 丑과 午, 寅과 酉, 卯와 申, 辰과 亥, 巳와 戌이 함께하면 원진살이다.

子未　丑午　寅酉　卯申　辰亥　巳戌

2.2. 길신류

(1) 천을귀인

천을은 천상의 신이다. 천상 자미원 창합문밖에서 태을과 병렬하여 천황대제를 섬긴다. 아래로는 삼신에 유하고, 그 기거하는 곳은 己丑 두우斗牛 다음에 있으며, 己未 정귀지사井鬼之舍를 통하여 출입한다. 옥형을 집행하고 하늘과 사람의 일을 교량하니 천을이라 명한 것이다. 천을은 최고로 존귀한 신이니 천을이 있는 곳에는 모든 흉살이 숨고 피한다(『삼명통회』, 172쪽). 천을귀인이 생왕하면, 풍채가 좋고 의기가 당당하며 성령은 매우 뛰어나다. 의리가 분명하고 잡술을 좋아하지 않는 순수한 큰 그릇이다. 자신을 수양하여 도덕을 쌓으니 사람들이 공경하고 사랑한다. 사절되면 집요하여 자기주장만을 내세우며 잘난 사람들과 놀기 좋아한다. 겁살과 함께하면 외모가 후덕하고 위엄이 있으며 계략이 많다. 망신살과 함께하면 문장이 뛰어나고 화술이 좋으며 웅변에 능하다. 건록이 함께하면 문장이 참되고 은혜를 널리 베풀어 사람됨이 군자와 같다. 천을귀인은 최고의 길신이다. 만약 사주 속에 천을귀인이 있으면 일찍 공명을 이루고 관직에도 쉽게 진출할 것이다. 평생 동안 많은 귀인을 만날 것을 암시한다. 천간에 甲이 있고 지지에 丑이나 未가 있으면 천을귀인에 해당한다. 마찬가지로 천간에 戊나 庚이 있고 지지에 丑이나 未가 있으면 천을귀인이다.

甲·戊·庚	丑·未
乙·己	申·子
丙·丁	亥·酉
辛	寅·午
壬·癸	巳·卯

(2) 천월덕

덕이라는 것은 사물을 이롭게 하고 사람을 구제하며 흉을 가리어 선을 짓는 것을 말한다. 천덕이나 월덕이 있으면 흉한 무리들이 흩어진다. 명중에 흉살이 있다해도 덕의 도움을 얻으면 흉이 심하지 않다. 덕은 마땅히 일주에서 보아야 하며, 시에서 극 · 충 · 형 · 파를 범하지 않아야 길하다. 사람이 천월덕을 얻으면 일생 편안하고 죄를 짓지 아니하며 도둑을 만나지 않고 흉화를 만나도 자연히 해소될 것이다. 삼기나 천을귀인이 함께하면 더욱 길하다. 혹 재, 관, 인수, 식신이 덕에 해당하면 복이 더해진다.

① 천덕귀인

寅 · 午 · 戌월	丁 · 亥 · 丙
巳 · 酉 · 丑월	辛 · 寅 · 庚
申 · 子 · 辰월	癸 · 巳 · 壬
亥 · 卯 · 未월	乙 · 申 · 甲

② 월덕귀인

寅 · 午 · 戌월	丙
巳 · 酉 · 丑월	庚
申 · 子 · 辰월	壬
亥 · 卯 · 未월	甲

(3) 삼기성

운명이 삼기를 만나면 정신이 남다르고 마음속에 품은 뜻이 크며 박학다능하다. 삼기성에는 천상삼기天上三奇, 지하삼기地下三奇, 인중삼기人中三奇가 있다. 천간에 재, 관, 인이 모두 나타난 것도 삼기의 일종이다.

① 천상삼기

천부적인 문학적 재능을 타고나는 경우가 많아 이상과 공상을 추구하는 경향이 강하다. 乙 · 丙 · 丁 세 개의 천간이 모두 있어야 천상삼기다.

② 지하삼기

영웅심리가 강하다. 천하에서 자기가 제일인 것으로 생각한다. 종종 허황되고 황당한 일을 계획하기도 한다. 甲 · 戊 · 庚이 지하삼기다.

③ 인중삼기

공주병, 왕자병의 성향이 강한 사람들이 많다. 壬 · 癸 · 辛 세 개의 천간이 인중삼기를 이룬다.

④ 재 · 관 · 인

재 · 관 · 인은 인생에서 가장 중요한 세 가지다. 재물과 명예와 이 모두를 함축하는 인문적인 측면을 말한다. 사주의 천간은 움직이는 부분이요 정신적인 부분이며 노출되는 부분이므로 재 · 관 · 인을 외부로 노출시켰다는 것은 소문난 부자요, 소문난 명예를 지녔다는 의미가 된다. 재성과 관성과 인성이 천간에 모두 나타난 것을 삼기성의 일종으로 본다.

연습문제

1. 寅午戌 生 丁巳日 亥時 사주에 해당되지 않는 것은?
   ① 시지 겁살
   ② 군주 장성
   ③ 일지 왕궁
   ④ 일시 망겁 상충
   ⑤ 일지 역마

2. 甲또는 己일 출생자의 낙정관살은?
   ① 巳
   ② 午
   ③ 未
   ④ 申
   ⑤ 酉

3. [丑-午] 조합에 해당하는 신살을 모두 지적하면?
   ① 원진/ 탕화
   ② 원진/ 탕화/ 귀문
   ③ 원진/ 탕화/ 형살
   ④ 원진/ 백호/ 귀문
   ⑤ 원진/ 낙정/ 탕화

4. 巳 · 酉 · 丑 年에 출생한 사람이 사주에서 丁火를 보면 12 신살 중 어떠한 살이 되는가?

① 역마살

② 지살

③ 탕화살

④ 도화살

⑤ 재살

5. 癸의 천을귀인은?

① 申, 巳

② 丑, 未

③ 寅, 卯

④ 巳, 卯

⑤ 申, 子

6. 다음 중 각종 사고로 인해 피를 보게 된다는 의미를 지닌 살이 아닌 것은?

① 甲辰

② 丙戌

③ 丁丑

④ 庚辰

⑤ 壬戌

7. 다음 명조의 일간은 무슨 살에 해당하는가?

己 庚 己 庚 坤命
卯 子 卯 戌

① 망신살
② 겁살
③ 지살
④ 역마살
⑤ 도화살

8. 다음 명조의 년간과 일간의 신살 조합이 올바른 것은?

庚 庚 壬 壬 坤命
辰 子 寅 寅

① 겁살 - 망신살
② 망신살 - 겁살
③ 역마살 - 망신살
④ 겁살 - 역마살
⑤ 겁살 - 지살

9. 다음중 괴강살이 아닌 것은?

① 庚辰

② 庚戌

③ 壬辰

④ 戊辰

⑤ 丙辰

10. 봄철 출생 사주의 일과 시에 亥子水가 있고, 가을철 출생 사주의 일과 시에 寅木과 戌土가 있을 때 이를 무슨 살이라 하는가?

① 파군살

② 역마살

③ 백호대살

④ 급각살

⑤ 고란살

11. 다음 짝 중 원진살에 해당되지 않는 것은?

① 子未

② 巳戌

③ 寅酉

④ 子丑

⑤ 辰亥

12. 다음 원진살 중 暗合에 해당되는 결합은?

① 子未

② 巳戌

③ 寅酉

④ 卯申

⑤ 辰亥

13. 한 사주 안에서 역마살과 지살의 관계는 다음 중 어느 것에 해당하는가?

① 서로 육합의 관계다.

② 서로 상극하는 관계다.

③ 서로 상충하는 관계다.

④ 서로 상생하는 관계다.

⑤ 아무 관계도 없다.

14. 다음 명조에 관한 설명중 잘못된 것은?

戊	癸	丁	庚
午	丑	亥	子

① 월지 亥水는 망신살이다.

② 일지 丑土는 반안(안장)살이다.

③ 원진살이 있다.

④ 년간 庚金은 겁살이다.

⑤ 급각살이 있다.

15. 다음 명조에 관한 설명 중 잘못된 것은?

癸 乙 甲 壬
未 酉 辰 戌

① 군주 도화다.
② 정인 겁살이다.
③ 월지 월살이다.
④ 고독과 학문의 성분이 있다.
⑤ 원망과 불신의 성분이 있다.

격극

격국[4)]

1. 격국의 개념

삶의 모습은 인간의 수만큼 다양하나 우리는 이를 일정한 기준에 따라 구분하고 있다. 부자와 가난한 사람, 오래 산 사람과 일찍 죽은 사람, 건강한 사람과 그렇지 못한 사람, 성공한 사람과 실패한 사람, 직위가 높은 사람과 낮은 사람 등이 그것이다. 이런 구분이 가능한 것은 우리가 다양한 삶의 모습을 범주화할 수 있는 기준이 되는 속성을 찾아내고, 그러한 속성들에 의해 삶을 구분 지을 수 있는 능력을 우리가 가지고 있기 때문이다.

시간의 흐름과 공간의 변화에 따라 사회가 끊임없이 변하는데도 불구하고 명리학이 지속적으로 인간의 미래를 예측할 수 있었던 것은, 현실 세계에 존재하는 삶의 모습에서 삶을 규정지을 수 있는 기준이 되는 속성을 일정한 조건 아래에 범주화(categorization)하여 체계적으로 정리해 놓았기 때문이다. 다양한 삶의 모습을 범주화시키는 명리학의 가장 중요한 개념 중 하나가 격국이다. 다시 말해 격국은 다종다양한 명조를 몇 개의 범주체계로 파악케 하는 명리학적 장치다.

명리학은 삶의 모습을 규정짓는 기준이 되는 속성을 통변성通變星이라는 특유의 개념으로 흡수하였다. 재산과 관련된 것은 재성財星에, 사

4) 송지성(2014), 38~92쪽 발췌 정리.

회적 직위나 신분에 관련된 것은 관성官星에, 명예나 학문에 관련된 것은 인성印星에 결부시켜 놓은 것이다. 하나의 명조를 구성하고 있는 통변성들의 상관관계를 파악하여 돈과 명예, 권력, 건강, 인품 등을 판단하게 된다.

구체적으로 하나의 사주팔자에는 일간을 제외한 7개의 통변성이 등장한다. 격국은 이들 통변성들의 조합을 일정한 조건 아래에 체계적으로 범주화시킨다. 예를 들어, 월지 정관격이라고 하면 子월의 丙火, 丑월 壬水, 寅월 己土, 卯월 戊土, 辰월 癸水, 巳월 辛金, 午월 庚金, 未월 壬水, 申월 乙木, 酉월 甲木, 戌월 癸水, 亥월 丁火가 정관격의 범주에 포함된다. 이 12가지 경우의 수를 월지 정관격의 범주로 한정하고 이것의 특성을 일반화 시켜놓은 것이 격국론이다. 여기에 정관격에 관한 명리 이론들을 적용하여 운명을 예측한다.

명리 원서들이 말하는 정관격의 성격요건은 재성이 있어서 정관을 생해주거나 인성이 있어서 정관과 서로 상생하는 관계를 유지하는 것 등이다. 관인상생이 이루어지면 관직이나 명예에 유리하다고 판단한다. 파격의 대표적인 요건으로는 정관이 형, 충, 파, 해를 만나거나 공망에 해당하는 경우를 들 수 있다. 파격, 즉 격국이 깨졌다는 것은 정관격의 특성이 발현되지 않음을 의미한다.

결국 수십만 가지의 명조는 격국이라는 범주 아래에 수십 가지의 형태로 분류되고, 운명 예측은 격국의 특성을 파악하는 것이 기본 테마가 된다. 형태가 없는 물이 그릇의 형태를 결정하듯 일정한 형태가 없는 삶의 모습이 명리학 격국의 틀속에서 구체화되는 것이다.

범주체계로서의 격국은 사주의 정신을 가장 대표적으로 함축하고 있는 뼈대다. 명리학은 동양사상의 근간이라 할 수 있는 음양오행사상을 기반으로, 기의 운용원리를 담고 있는 12운성론, 간지의 특성을 연구하는 간지론, 간지의 변화원리를 담고 있는 형, 충, 파, 해 이론과 육합, 방합, 삼합의 이론, 오행과 간지의 구체적 물상을 연구하는 물상론 등과 용신, 희신, 기신, 구신 등에 관한 이론체계를 가지고 있다. 이와 같은 명리 이론들은 모두 격국의 범주 안에서 하나의 유기체적 결합을 이룬다.

2. 격국의 종류

명리학의 역사에 등장하는 격국의 종류는 크게 4가지로 내격과 외격, 정격과 변격이 있다. 내격과 외격은 초기 자평학 원서인 『연해자평』에 등장한다. 『연해자평』은 격국을 '내격18격'과 '외격18격'으로 구분해서 소개하고 있는데, 이는 이후 격국론 연구의 중추가 되기에 이곳에서 그 명칭을 살펴본다. 내18격은 아래와 같다.

①정관격 ②잡기재관격 ③월상편관격 ④시상편재격 ⑤시상일위귀격 ⑥비천록마격 ⑦도충격 ⑧을기서귀격 ⑨육을서귀격 ⑩합록격 ⑪자요사격 ⑫축요사격 ⑬임기용배격 ⑭정란차격 ⑮귀록격 ⑯육음조양격 ⑰형합격 ⑱공록격 ⑲공귀격 ⑳인수격 ㉑잡기인수격 (『연해자평 평주』, 119~136쪽)

『연해자평』에는 내18격으로 설명되어 있으나 실제로는 21개의 격이 등장한다. 다음 외18격을 살펴본다.

①육임추간격 ②육갑추건격 ③구진득위격 ④현무당권격 ⑤염상격 ⑥윤하격 ⑦종혁격 ⑧가색격 ⑨곡직격 ⑩일덕수기격 ⑪복덕격 ⑫기명종재격 ⑬상관생재격 ⑭기명종살격 ⑮상관대살격 ⑯세덕부살격 ⑰세덕부재격 ⑱협구격(공재격) ⑲양간부잡격 ⑳오행구족격 ㉑지진일자격 ㉒천원일기격 ㉓

봉황지격(『연해자평 평주』, 136~145쪽)

내격과 마찬가지로 외18격으로 설명되어 있으나 모두 23개의 격을 발견할 수 있다. 『연해자평』은 격을 크게 내격과 외격으로 구분했으나 그 기준에 대한 설명은 부족하다. 그러나 『연해자평』의 내격과 외격은 다종다양한 사주 형태를 일정한 범주로 분류했다는 점에 의미가 있다. 이로써 사주 간명은 8글자의 형태를 보아 위의 내격이나 외격의 범주 중 어느 것에 해당하는 가를 결정하고, 그 격국의 특성에 따라 이루어진다.

『연해자평』이후 『적천수』에는 오늘날 정격으로 분류되는 8개의 격에 대한 설명이 등장한다.

"정재, 편재, 정관, 편관, 정인, 편인, 식신, 상관이 팔격이다. 재, 관, 인수를 편과 정으로 나누고, 식상을 겸하여 논하면 팔격이 결정된다(正財 偏財 正官 偏官 正印 偏印 食神 傷官 是也 財官印綬分偏正 兼論食傷格局定)"(『적천수천미』, 105쪽).

『삼명통회』에서는 기존 격국의 종류에 별다른 변화는 보이지 않는다. 『명리정종』 역시 『연해자평』이 소개한 격국을 대부분 수용하고 있으나 표면적으로 내격과 외격이란 용어는 사용하지 않았다. 그러나 격국의 역사에서 명시적으로 '정격'이란 용어를 사용한 것은 『명리정종』이다. 장남은 격국을 정격과 그 밖의 격으로 구분하였다. 나아가 격국의 사용, 즉 격국의 결정에 있어서 월지 정격을 그 어떤 격국보다 우선시한다.

"월령에 정격이 있으면 쓰는 것이 옳다. 정격이 없으면 이것(자요사격)을 취하여 사용한다(月令有正格可用爲是, 無正格以此取用)"(『명리정종 신봉통고』, 105쪽).

"팔자 중에서 별다른 정격이 없을 때 이것(임기용배격)을 참고하여 본다

(八字中無別正格, 乃以此參看)"(『명리정종 신봉통고』, 156쪽).

장남은 월지 정격을 쓸 수 없을 때, 자요사격 등의 다른 격국을 사용해야 한다고 강조했다. 그는 격국을 월지 정격과 그 밖의 격으로 구분하였고, 간명에 있어 월지 정격 이외의 격국은 월지에서 격국을 결정할 수 없을 때 사용하는 보조적 수단으로 인식한 것이다.

『명리약언』의 저자 진소암은 격국을 정격과 변격으로 구분하였다. 나아가 정격의 종류로 육격을 소개하고, 변격 또한 6개의 격국을 열거하였다.

"격국에는 정격이 있고, 변격이 있다. 정격이란 오행의 상리에 따른 것으로 여기에는 정관격, 편관격, 인격, 재격, 식신격, 상관격 등이 있고 변격 역시 오행의 상리에 해당하지만 그 취용법이 다른 것으로 종격, 화격, 일행득기격, 양신성상격, 암충격, 암합격 등이 있다"(『정선명리약언』, 29쪽).

진소암은『적천수』의 팔격을 육격으로 정리하였다. 정인과 편인을 하나의 인격으로 하고, 정재와 편재를 하나의 재격으로 하여 8개의 격국을 6개로 간략히 본 것이다.

근대의 중국 명리학자 서락오는『자평수언』에서 옛날의 명리서들은 격국을 6개 혹은 8개로 구분하였다고 설명하고 있는데, 그가 정리한 육격은 진소암의 육격과 다르다.

"옛날의 명리서는 모두 6격을 기준으로 삼았다. 6격은 정관, 편관, 정편재, 정편인, 식상, 녹인이다. 혹 8격으로 나누기도 한다(舊式命書 皆以六格爲提綱 六格者 正官 偏官 正偏財 正偏印 食傷 祿刃是也 或分爲八格)"(『명리혁신 자평수언』, 127쪽).

서락오는 진소암이 별도로 구분한 식신격과 상관격을 하나의 식상격으로 정리하였고, 진소암이 말하지 않은 록인을 하나의 격으로 정리하였다.

격국의 역사에서 하나의 문제를 발견할 수 있다. 정격의 격국을 6개로 구분하는 것이다. 이는 지양되어야 한다. 장남이나 진소암, 서락오의 설명에서 알 수 있듯 육격의 종류가 학자마다 달라, 격국론의 핵심인 정팔격의 범주를 뒤흔드는 결과를 초래할 수 있기 때문이다. 이는 일간과 월지가 만나 결정되는 격국의 명칭, 즉 통변성의 의미를 퇴색시키는 결과를 가져온다. 진소암의 설명에서 이를 확인할 수 있다.

> "五行의 이치는 다만 生我, 剋我, 我生, 我剋 관계뿐이라고 할 수 있지만 그에 해당하는 이름을 지어 놓지 않으면 상세히 推命하기에 불편하므로 옛 사람들이 官, 殺, 印, 財, 食, 傷 등으로 이름을 붙였으니 여기서 六格이 나오게 된 것이다. 그런데 이른바 官이라는 것은 정말 官爵을 말하는 것이 아니며 印이라는 것도 정말 印章을 말하는 것이 아니며 財라는 것 역시 진짜 財物을 뜻하는 것이 아니다. 이와 마찬가지로 이른바 食이라는 것도 정말로 食祿이 아니고 殺이라는 것도 진짜로 죽인다는 殺이 아니며 傷도 정말로 損傷한다는 뜻이 아니다"(『정선명리약언』, 39쪽).

팔격을 육격으로 축약시키고, 심지어 육격의 구분이 다르게 나타나는 것은 이처럼 일간과 월지가 만나 결정되는 격국의 통변성 자체에 의미를 두지 않기 때문에 발생하는 현상이다. 명리학은 통변성이 없으면 분석이 불가능한 학문이다. 격국의 종류도 일간과 월지가 만나 이루어지는 경우의 수인 8개로 구분해야 한다. 이를 6개로 축약시키면 명리의 근간인 격국론의 뿌리가 흔들릴 수 있다.

진소암 이후로 격국론을 체계적으로 정리한 사람 중 한 사람이 심효첨이다. 그는 격국의 종류에 대해 외격과 잡격을 언급하였고, 다른 격국은 언급하지 않았다. 그러나 그의 격국에 대한 설명을 살펴보면 월지 정격을 격국의 근본으로 삼고 있음을 알 수 있다.

> "팔자의 용신은 오로지 월령에서 구한다. 일간을 월지에 대조하면 생하고 극하는 현상이 사주마다 다르니 이로써 격국이 나뉜다(八字用神 專求月令 以日干配月令地支 而生剋不同 格局分焉)"(『자평진전평주』, 91쪽).

심효첨의 격국은 일간과 월령의 만남으로 이루어진다. 이는 『연해자평』의 월지 정관격 관념이나, 『명리정종』에서 월지로 격국을 결정하는 것과 동일한 사상이다. 심효첨은 『자평진전』에서 월지로 격국을 정하는 것을 명시적으로 내격 혹은 정격이라 하지는 않았으나, 내격에 상대되는 용어인 외격에 대해 아래와 같이 설명하고 있다.

> "팔자의 용신은 오직 월령이 주관하는데, 어찌하여 또 외격이 있는 것인가? 외격은 대개 월령에 용신이 없을 때 임의로 쓰는 것이니 그러므로 외격이라 한다(八字用神 旣專主月令 何以又有外格乎 外格者 蓋因月令無用 權而用之 故曰 外格也)"(『자평진전평주』, 191쪽).

심효첨의 외격은 월령에서 용신[5]을 구할 수 없는 경우에 결정되는 격국이다. 즉 월령과 관계없이 결정되는 것이 외격이다. 이에 상대되는 용어인 내격은 월령에 의하여 결정되는 격으로 이해할 수 있다. 그러나 심

---

5) 심효첨이 말하는 용신은 격국을 지칭한다. 그는 격국과 용신의 관계를 명확히 하기 위해, 고전명리학의 격국을 용신으로, 고전명리학의 용신을 상신으로 명칭을 바꾸어 사용한다. 용신과 상신 역시 범주체계인 격국내에서의 용어다. 이는 명리 원전들이 격국과 용신을 혼용하여 사용해온 폐단을 고치기 위해 노력해온 그의 연구 결과물이다.

효첨은 외격의 상대되는 개념으로 내격을 의식한 것으로 보이지 않고, 월지 정격을 의식한 것으로 보인다. 심효첨의 외격에 대한 설명을 보자.

> "예컨대 봄의 木, 겨울의 水, 사계의 土와 같은 종류는, 일과 월이 같으므로 용신을 선정하기 어려우니, 유상, 속상, 충재, 회록, 형합, 료영, 정란, 조양 등의 격을 모두 사용할 수 있다. 만약 월령에 용신이 있다면 어찌 별도로 외격을 찾을 필요가 있는가? 또한 봄의 木이나, 겨울의 水인 경우 사주 천간에 이미 재, 관, 칠살이 있다면 그것들을 버리고 외격을 찾는 것 역시 크나큰 잘못이다. 천간에 재가 있다면 어찌 충재를 구하려고 하며, 천간에 관이 있다면 어찌 합록을 쓰겠는가? 고서에서 이르기를 제강에 용신이 있으면 제강을 중시하라고 하였고, 또한 관이 있으면 다른 외격을 찾으려 하지 말라고 했는데, 바꿀 수 없는 말이다(如春木冬水 土生四季之類 日與月同 難以作用 類象 屬象 沖財 會祿 刑合 遙迎 井欄 朝陽諸格 皆可用也 若月令自有用神 豈可另尋外格 又或春木冬水 干頭已有財官七煞 而棄之以就外格 亦太謬矣 是故干頭有財 何用沖財 干頭有官 何用合祿 書云提綱有用提綱重 又曰有官莫尋格局 不易之論也)"(『자평진전평주』, 192쪽).

이로써 그동안 내려온 수많은 외격들은 일거에 정리된다. 그는 대부분의 외격들이 월령 자체의 용신, 즉 정격의 범주 속에 포함된다는 것을 인식한 것이다. 그에게 있어 아주 특수한 경우가 아니면 외격은 필요치 않다. 『자평진전』 제일 마지막 부분에 잡격에 관한 설명이 등장한다. 심효첨이 말하는 잡격은 외격을 의미한다.

> "잡격이란 월령에서 쓸 것이 없어 외격에서 쓸 것을 찾는 것이다. 그 격의 종류가 매우 많아 잡격이라 한다(雜格者 月令無用 以外格而用之 其格甚多 故謂之雜)"(『자평진전평주』, 363쪽).

심효첨이 정리한 격국의 종류는 월령에 의한 격과 외격이다. 이때 월령에 의한 격이 정격을 의미하는지, 내격을 의미하는지에 대해 명시적으로 밝히진 않았으나 의미상으로는 정격을 말하는 것으로 해석된다. 결국 심효첨의 격국은 정격과 외격이 있다.

심효첨 이후 임철초는『적천수』를 주해한『적천수천미』에서 격국을 정격과 변격으로 구분하였다. 그의 정격은 월지로 격국을 구성하는 것을 말하고, 변격은 종격을 말한다.

> "격국에는 '정'과 '변'이 있다. 정은 반드시 오행의 상례를 겸하는 것으로, 관인이라 하고, 재관이라 하고, 살인이라 하고, 재살이라 하고, 식신제살이라 하고, 식신생재라 하고, 상관패인이라 하고, 상관생재라 한다. 변은 반드시 오행의 기세를 따르는 것이다. 종재라 하고, 종관살이라 하고, 종식상이라 하고, 종강이라 하고, 종약이라 하고, 종세라 하고, 일행득기라 하고, 양기성형이라 한다. 그 밖에 외격이 많이 있지만 내가 여러 책들을 연구해본 결과, 모두 오행의 바른 이치를 따르는 것이 아니어서 진실로 잘못된 말에 불과하다(然格局有正有變 正者 必兼五行之常禮也 曰官印 曰財官 曰煞印 曰財煞 曰食神制煞 曰食神生財 曰傷官佩印 曰傷官生財 變者 必從五行之氣勢也 曰從財 曰從官殺 曰從食傷 曰從强 曰從弱 曰從勢 曰一行得氣 曰兩氣成形 其餘外格多端 余備考群書 俱不從五行正理 盡屬謬談)"(『적천수천미』, 105쪽).

임철초는 정격은 오행의 상례를 겸하는 것이라 하였고, 변격은 오행의 기세를 따르는 것이라 하면서 종격과 일행득기와 양기성형 만을 열거하고 있다. 이는『연해자평』의 내격과 외격의 범주를 벗어난 것이다. 또한 관인격 등의 명칭에서 알 수 있듯, 임철초는 월지 단독의 격국을 인정하지 않는다. 청대 말 이후 본격적으로 고전명리학 월지 정격의 의미가 약해지는 것을 알 수 있다. 관인격은 월지가 관성인 경우와 월지가 인성인 경우가 있으나 이를 하나의 관인격으로 본 것이다. 그리고 정격과 본인이 열거한 변격 이외의 외격들은 모두 부정한다.

심효첨의 『자평진전』에 주석을 한 서락오는 『자평진전평주』에서 격국의 종류를 설명하고 있다.

> "외격은 정격의 (범주)밖에 있으므로 기세가 편중되어 상리에 따라 용신을 취하지 못하여 올바른 궤도의 밖에서 용신을 취하는 것이기 때문에 외격이라고 하는 것이다(外格者 正格之外 氣勢偏勝 不能以常理取用 在正軌之外 故名爲外格也)"(『자평진전평주』, 192쪽).

서락오의 외격 역시 오행의 상리에 따라 용신을 취하지 못하는 것, 즉 정격을 결정할 수 없는 사주에 대해 결정되는 격이다. 최근의 대만 명리학자인 위천리는 『신편위천리명학강의』에서 심효첨과 유사하게 격국을 팔격과 외격으로 구분하고 있다.

> "격국의 명칭은 매우 많으나 크게 구별하면 팔격과 외격의 두 종류다(格局名目衆多 大別之 八格與外格兩種)"(『신편위천리명학강의』, 79쪽).

이상 시간의 흐름에 따른 격국 종류의 변천사에 대해 살펴보았다. 송대 명리 고서인 『연해자평』의 내격과 외격을 필두로, 명대 『적천수』에 팔격이 소개되고, 같은 시대의 『삼명통회』와 『명리정종』은 이에 대해 큰 이견은 없다. 다만 『명리정종』에 정격이란 용어가 비로소 등장한다.

이후 청대 초기의 『명리약언』에는 정격과 변격이 등장한다. 여기에서의 정격은 육격으로 소개되고, 변격도 6개로 한정되어 있다. 심효첨은 외격과 잡격을 언급하였다. 임철초는 정격과 변격을 설명하였다. 서락오는 정격과 외격을 언급하였다. 위천리는 팔격과 외격을 말하고 있다. 명리 원전에 등장하는 격국의 명칭 및 종류는 내격, 외격, 팔격, 육격, 정격, 변격, 잡격 등이다. 이를 기반으로 격국의 종류를 정리한다.

사주는 년주, 월주, 일주, 시주로 구성되므로 내격은 이 4주 내에서 결정되는 격으로 한정한다. 이에 따라 시상 격국이나 년상 격국은 내격에 포함되는 것으로 본다. 정격은 일간과 월지에 의해 결정되는 8격으로 한정한다. 정8격이다. 또한 월지에 의해 결정되므로 내격에 속한다.

변격과 외격의 구분 기준은 학자마다 다르다. 변격에 대해 진소암은 6개의 격을 말하였고, 임철초는 3개의 격을 열거하였다. 그 기준에 대해 진소암은 오행의 상리에 해당하지만 그 취용법이 다르다고 하였고, 임철초는 오행의 상례가 아닌 오행의 기세를 따르는 것이라 하여 달리 말하고 있다. 이는 혼란을 야기한다. 결국 변격은 내격의 상대 개념인 외격 내에서 학자마다의 성향에 의해 형성된 것이라 할 수 있다. 그러므로 변격은 외격에 속하는 것으로 본다. 결론적으로 격국의 종류는 크게 내격과 외격으로 구분한다. 내격에는 정팔격이 포함되고 외격에는 변격이 포함되는 것으로 한다.

3. 격국의 결정

격국은 수많은 종류의 사주 형태를 일정한 범주로 분류한 사주의 범주체계이면서, 동시에 다양한 삶의 형태를 몇 가지 범주로 분류한 삶의 범주체계다. 앞의 것은 정팔격이 대표하고, 뒤의 것은 빈격, 부격, 천격, 귀격, 군자의 격, 소인의 격 등의 용어로 표현된다. 하나의 격국이 결정되면 이는 운명 예측의 준거가 되는 동시에 한 사람 인생 전반을 결정짓는다. 이렇듯 중요한 의미를 지닌 격국에 관한 사항 중 가장 중요한 것은 격국 결정에 관한 사항이다. 나머지 격국에 관련된 이론에 대해 큰 이견은 없다. 즉 운명 예측은 격국만 결정되면 그 격국의 이론적 특성에 따라 진행된다.

격국의 결정에 관해 명리학의 역사는 크게 두 가지 방법론을 제시하면서 오늘에 이르렀다. 하나는 월지의 본기 자체를 격국으로 결정하는 방법이다. 다른 하나는 월지 지장간 중에서 천간에 투간된 글자를 격으로 결정하는 것이다. 이 두 가지 방법은 모두 월지가 그 기준이 된다는 점에서는 동일하다.

사주팔자에서 월지의 지배력은 절대적이다. 나머지 7글자는 모두 월지에 따라 그 의미가 달라진다. 천간과 지지가 상징하고 있는 자연물들은 모두 월지가 무엇이냐에 따라 그 상태가 달라진다. 예를 들어, 하나의 丙火가 있을 때 이는 절대 불변의 丙火가 아니고 월지에 따라 상태가 다른 丙火다. 巳월 丙火는 가장 뜨겁고 강력한 丙火이고, 亥월 丙火는 일년 중 가장 약한 丙火다. 10천간 모든 글자가 그러하고, 월지를 제외한 나머지 3개의 지지 또한 월지의 영향을 받는다. 丑土는 월지가 亥월, 子월, 丑월인 겨울일 때, 차가운 土가 된다. 만약 월지가 巳이고 다른 지지에 丑이 있다면 그렇게 차가운 土로 보기는 어렵다. 木을 나무라 할 때, 봄의 木은 싹틔우고, 여름의 木은 성장하며, 가을의 木은 열매 맺고, 겨울의 木은 봄을 기다리며 동면을 취한다. 즉 월지가 木에게 꽃 피우라 명령을 내리고 잠을 자라고 명령을 내리는 것이다. 이런 측면에서 월지를 달의 명령인 월령月令 혹은 사령처司令處라 한다. 또한 제강提綱이라고도 한다. 사주를 범주화시킨 격국이 월지를 기준으로 결정되는 것은, 자연의 원리를 담고 있는 명리학의 특성상 당연한 결과다.

월지는 격국 결정의 기준이다. 격국, 특히 내격중의 정팔격은 일간과 월지의 배합에 의해 결정된다. 다른 간지에서 격을 결정하는 것 또한 월지에서 격을 결정하지 못했기 때문이라는 측면에서는 격의 결정 기준으로서의 월지와 무관하지 않다. 지금부터는 명리학이 월지로 격을 결정해온 과정을 살펴본다.

격국이라는 용어는 명리학의 백과사전이라 불리는 『삼명통회』에 수록된 『명통부』에 등장한다.

> "관이 왕성해지는 곳을 향하여 공을 이루고, 격국을 이루면 귀하게 된다. 관, 인, 재, 식은 길하니 평화롭고 안정되면 아름답고, 살, 상, 효, 패는 흉하나 쓰임을 바꾸면 복이 된다(向官旺以成功 入格局而致貴 官印財食爲吉 平定遂良 煞傷梟敗爲凶 轉用爲福)"(『삼명통회』, 900쪽).

여기에서는 길격과 흉격이 등장하는데, 이는 격국의 종류와는 관계없는 통변성 자체의 특성에 따른 격국 명칭이다. 그러나 『명통부』의 저작시기를 확정짓기 곤란하므로 역사적으로 확실한 근거를 인정받은 『연해자평』을 월지 정격의 시작으로 보고자 한다. 『연해자평』에는 월지 정관격과 같은 예시적 설명과 더불어 다음과 같은 월지 정격에 대한 설명이 등장한다.

> "무릇 격은 월령 제강을 쓰니 년이나 일이나 시의 다른 곳에서 격을 구하지 말라. 지금 사람들은 대부분 그 법을 모르니 모든 방식이 전부 잘못되었다(凡格用月令提綱 勿於傍求年日時爲格 今人多不知其法 於此百法百失)"(『연해자평평주』, 183쪽).

이후 격국 결정에 중대한 사상을 형성시킨 것은 『적천수』다. 『적천수』「팔격」편의 원문에 대한 원주는 격국의 결정 방법에 대해 월지의 지장간 중에 천간에 투간한 것을 격국으로 삼는다는 현대명리학 격국 결정 방법의 원칙을 제시하였다.

> "형상방국 이외에는 격이 최선이다. 격이 참된 것은 월지의 신이 천간에

드러난 것이다. 천간이 산란하여 제강으로부터 얻은 바를 찾아야 한다면 격이 아니다(自形象方局之外 而格爲最 格之眞者 月支之神 透於天干也 以散亂之天干 而尋其得所附於提綱 非格也)"(『적천수천미』, 104쪽).

『적천수』 역시 월지를 기준으로 격을 정한다. 다만 월지의 본기가 격이 되는 것이 아니고, 월지 지장간에서 천간에 드러난 글자가 격이 된다는 점이 특징이다. 『연해자평』의 월지 본기에 의한 격국 결정과 다른 『적천수』의 월지 지장간 투간에 의한 격국 결정은 이후 명리학사에서 격국 결정의 두 이론을 형성시킨다. 이는 고전명리학과 현대명리학을 구분하는 중요한 기준이 된다.

고전명리학의 범주에 포함시킬 수 있는 이론서로는 『연해자평』을 시작으로 『삼명통회』와 『명리정종』 그리고 『자평진전』을 들 수 있다. 이외의 나머지 이론서들은 『적천수』의 월지 지장간 투간에 의해 격국을 결정하는 현대명리학의 범주에 포함시킬 수 있다. 현대명리학의 범주에 포함시킬 수 있는 대표적 학자가 임철초와 서락오다. 한국의 현대명리학은 이 두 학자에게 많은 영향을 받은 결과, 월지 지장간 중 천간에 투간한 글자를 격국으로 정하는 것이 학계의 일반적 이론으로 통하는 듯하다. 그러나 지금도 월지 정격으로 격국을 정하는 학자가 있는 점을 감안하면 고전명리학의 격국을 버릴 수는 없다.

이처럼 두 가지 이론이 역사의 수레바퀴를 흘러오는 동안 월지 본기 중심의 격국, 즉 월지 정격에 대해 확실한 기준을 제시한 명리서가 있으니 바로 『명리정종』이다.

"재, 관, 인수, 살, 식신, 상관 이 여섯 격은 일간과 월령에 의해 드러난다(財官印殺食神傷官 此六格乃日干月令所出)"(『명리정종』, 118쪽).

또한 『명리정종』은 「정격국결」편에서 『연해자평』의 월지 정격에 대한 예시적 설명에서 한 발 나아가, 10천간의 각 달에 대한 모든 경우의 격국을 체계적이고 구체적으로 설명하고 있다.

격국을 결정하지 못하면 운명 예측이 불가능하다. 특히 고전명리학은 격국이 없는 명조를 예상하고 있지 않다. 하나의 명조에 대한 어제 다르고 오늘 다른 통변은 명리학의 위상을 흔들 수 있다. 통변의 일관성 확보 내지 자의성 방지는 격국이라는 틀 속에만 가능하다.

연습문제

1. 격국에 관한 설명으로 옳은 것은?
   ① 한 사주를 푸는 데 있어 지극히 필요한 오행이다.
   ② 10천간의 기를 파악하는 원리다.
   ③ 명조 해석의 기본적 정보이며 핵심이다.
   ④ 다종다양한 명조를 몇 개의 범주체계로 파악케 한다.
   ⑤ 천간과 지지의 글자가 의미하는 것이다.

2. 다음 사항 중 일반적인 정관격의 성격요건으로 옳은 것은?
   ① 충
   ② 형
   ③ 파
   ④ 공망
   ⑤ 인성

3. 격국의 종류를 크게 둘로 구분하면 무엇과 무엇인가?
   ① 내격, 변격
   ② 종격, 내격
   ③ 정격, 외격
   ④ 외격, 내격
   ⑤ 정격, 변격

4. 다음 중 정팔격의 조합이 아닌 것은?

① 정관격, 편관격

② 편인격, 정인격

③ 식신격, 상관격

④ 편재격, 정재격

⑤ 건록격, 양인격

5. 일간과 월지 본기의 배합에 의해 결정되는 격은 무슨 격인가?

① 내격

② 외격

③ 정격

④ 변격

⑤ 종격

6. 다음 명조에 관한 설명으로 잘못된 것은?

癸	己	戊	庚
酉	亥	寅	午

① 시상 편재격이다.

② 월지 정관격은 공망되어 성격되지 못했다.

③ 년상 庚金은 역마가 되어 격국의 기신이다.

④ 록과 장생을 갖추어 강왕한 사주다.

⑤ 관인상생이 이루어졌다.

7. 다음 명조에 관한 설명으로 잘못된 것은?

甲 丁 庚 辛
辰 丑 寅 丑

① 정인망신격이다.

② 년상편재격이다.

③ 년상편재는 공망이다.

④ 월상정재는 공망이다.

⑤ 년월의 재성은 격국의 기신이다.

8. 다음 명조에 대한 설명으로 적절치 못한 것은?

庚 乙 壬 戊
辰 酉 戌 戌

① 정재격이다.

② 戊土는 운동장, 고산 등으로 통변된다.

③ 시상정재 역마격이다.

④ 庚金은 제련되지 않은 금속 등으로 통변된다.

⑤ 시상의 庚金은 월지에 통근하고 일지에 건록이 있어 강하다.

9. 다음 명조에 관한 설명 중 옳은 것은?

癸 乙 甲 壬 坤命
未 酉 辰 戌

① 월지 편재격이다.

② 시지 未土 정재는 공망이다.

③ 년상의 정인 망신살은 학문을 의미한다.

④ 시상의 편인 재살은 학문을 의미한다.

⑤ 군주는 월지에 통근하고 시지에 통근하여 강왕하다.

10. 다음 명조에 관한 설명 중 옳은 것은?

癸 甲 甲 甲 乾命
酉 寅 戌 午

① 월지 편재격이 寅午戌 삼합을 이루어 상관격으로 바뀐다.

② 상관으로 월지 편재를 생하는 격이니 사업에 유리하다.

③ 일간은 가을에 태어나 신약하다.

④ 년, 월상의 甲木은 신약한 군주에게 힘이 된다.

⑤ 월지를 수호하는 것은 酉金이다.

통변

통변

1. 통변의 개념

본래 통변은 천간들 사이의 관계를 나타내는 고유명사를 말한다. 오늘날 통변은 실제 사주를 풀이하는 과정을 나타내는 술어로 의미가 확장되었다. 이에 따라 통변을 정의하면 '학문적으로 정의되고 이해되는 명리학의 어려운 술어체계와 그 분석된 내용을 실제 인간사에 접목시켜 문외한도 이해할 수 있도록 풀이하는 과정'이라 할 수 있다(성철재, 2000). 이전에 명사적으로 쓰인 통변이라는 용어는 '통변성'이라는 용어가 대신한다. 통변성이라는 이름에서 알 수 있듯 사주 통변은 통변성에 의한 통변이 가장 대표적이며 통변성에 의해 통변할 때 의미가 더욱 명확해진다. 음양오행과 천간 지지는 이미 통변성 속에 내재되어 있기 때문이다. 통변은 필연적으로 상대방을 예상한다. 하나의 명조를 혼자 해석하는 것을 통변한다고 하지 않는다. 통변의 능력이 부족하면 제 아무리 많은 이론을 섭렵하고 수많은 임상 경험을 쌓았다손쳐도 그것은 공허하다.

통변의 최종 목적지가 생사를 논하는 곳에 있음을 감안하면 통변하는 것의 내용은 인간사 전부라 해도 과장은 아니다. 건강과 질병, 적성과 소질 등 개인적인 특성, 부부관계, 자녀와의 관계, 직업 및 사회적 명예와 권력, 재물, 각종 사건 사고 등 거의 모든 인간사가 통변의 내용이 된다. 다양한 인간사를 통변해 내기 위해 명리학은 거기에 걸맞은 이론들을 정립해온 것이다. 명리학의 개별 이론들은 통변에 의해 하나로 통합된다. 어떤 명리 이론도 통변의 범위를 벗어나면 존재가치를 상실한다. 말로 풀이되어 인생사를 설명할 수 없는 즉, 통변할 수 없는 명리 이론은 존재할 수 없다. 명리 통변의 구체적 모습은 각각의 명리 이론에 따른 개별적 통변들이 조화를 이루어 행해진다(송지성, 2014).

2. 통변의 종류

통변의 내용은 태어나서 살다가 죽기까지의 모습을 모두 담을 수 있다. 그러므로 다양한 삶의 모습이 통변의 종류를 구분하는 기준이 된다. 통변의 종류는 삶의 양태와 모습만큼 무한히 확장될 수 있다. 예를 들어 지지의 변화를 나타내는 대표적 이론인 형, 충, 파, 해는 한 명조를 구성하고 있는 지지의 상태를 파악하는 중요한 이론이다. 이 이론의 존재 가치는 지지의 상태를 파악하는데 그치는 것이 아니고 이를 풀이하여 삶속에서의 특정한 사건을 예측하는데 있다. 충을 해석하여 타인 혹은 다른 존재와의 충돌적 현상이나 사고 등을 예측했다면 이것이 바로 충의 통변이다. 마찬가지로 형의 통변, 파의 통변, 해의 통변이 존재한다. 그러나 삶의 모습 모두를 미리 예상하여 이를 이론으로 설정해 놓는 것은 불가능하다. 결국 명리학은 삶의 대표적이고 일정한 모습을 설명할 수밖에 없는 구조적 한계를 가지고 있다. 일상에서 일어나는 특정한 사건을 시간과 장소까지 구체적으로 정확하게 적시할 수 있다면 이는 명리학의 범주를 벗어난 것으로 볼 수 있다. 이곳에서는 명리학이 지금까지 정립해온 통변 중 일반적인 내용을 살펴본다.

대표적인 통변의 종류에는 격국 통변, 용신 통변, 대운 통변, 물상 통변, 신살 통변, 육친 통변 등이 있다. 이들은 각각 한 사람의 사회적 능력이나 지위 혹은 사회적 관계를 판단하고, 그것의 성취여부, 인생의 여정, 구체적 물질의 형태, 사는 동안 발생하는 예기치 못한 사건, 가족관계 등을 예측한다. 이들은 서로 중복되어 작용하나 고유의 의미는 상실하지 않는다. 예컨대 용신 통변으로 성패를 판단한다고 할 때, 무엇의 성공과 실패인지를 결정하는 것은 격국 통변의 영역이다. 격국 통변에 의해 사회적 능력과 지위를 예견할 때 거기에는 이미 이를 감당할 수 있는 개인의 역량에 대한 통변이 포함된다. 대운 통변은 인생을 몇 년 단위로 끊어서 그 기간 동안 발생할 일을 예측하지만 대운 자체만으로는 의미가 없다. 격국과 용신, 신살 등과 융합되어야만 정확한 대운 통변이 가능하다. 결국 정확한 통변은 명리 이론에 대한 이해가 전제조건이다. 나아가 이들 이론들에 따른 개별 통변과 그 통변들을 조합시키는 능력에 의해 통변의 정확성이 결정된다(송지성, 2014). 다음은 많은 통변 중 통변의 핵심인 육친, 즉 십신 통변의 기초적 내용을 살펴본다.

3. 십신 통변[6)]

(1) 비견

비견은 겁재와 함께 일간과 오행이 같다. 일간과 음양이 같으면 비견이고 음양이 다르면 겁재다. 비견은 나와 어깨를 나란히 한다는 의미로 형제나 동료, 친구 및 경쟁자를 의미한다. 지지의 비견은 록이다. 록은 군주 신강의 조건이다. 내가 홀로 외로울 때 친구나 형제를 찾듯 일간이 고독하고 약하면 비견을 원한다. 하지만 비견이 많은 것은 좋지 않다.

6) 이하 전개될 10신의 통변 내용은 대표적 고전격국서적들인『연해자평』,『명리정종』, 그리고『자평진전』을 참고하여 현대화된 용어로 풀이해본 것이다.

양일간 비견은 정재와 합하고 음일간 비견은 정관과 합한다. 비견은 식신과 상관을 생하고, 재성을 극하며, 관살의 제를 받는다.[7] 인성은 일간을 생하는 동시에 비견을 생한다. 정인격이나 편인격에 비견이 많으면 자왕모쇠가 되어 인성의 기가 도기된다.

① 비견은 형제, 동료, 친구, 경쟁자다.

② 년지 비견은 정록, 월지 비견은 건록, 일지 비견은 전록, 시지 비견은 귀록이다.

③ 비견이 겹쳐 있으면 형제간 우애가 결여된다.

④ 비겁이 많으면 성격이 완고하다.

⑤ 비견은 식신과 상관을 생한다.

⑥ 비견은 재를 극한다.

⑦ 비견은 재성의 적성이다. 재성은 처의 성이고, 여명에는 시어머니에 해당한다.

⑧ 남명에 비견 겁재가 많으면 재성을 극하여 배우자 인연이 박하다.

⑨ 여명에 비견 겁재가 많으면 완고하고 자존심이 강하여 가정의 화합을 방해한다.

⑩ 편재 정재는 아버지를 상징한다. 명중에 비견이 많으면 아버지와의 인연이 박하다.

⑪ 명중 재가 약하고 비겁이 많으면 군겁쟁재다. 직업변동이 심하다.

⑫ 천간과 지지가 같으면 간여지동이다. 손재하거나 처를 극한다.

⑬ 일간이 약하고 재관이 강한 경우, 지지 비견운은 신왕운이 되어 발달한다.

⑭ 일간이 강하고 재관이 약한 경우, 비견운은 재관을 쟁탈하여 흉운이다.

---

7) 명리학에서 '제制'란 상극하는 오행이 견제하는 것을 말한다. 즉 金을 제하는 것은 火며, 火를 제하는 것은 水다.

⑮ 비겁이 많으면 관살이 있어야 운명이 좋아진다.

(2) 겁재

비견과 함께 일간과 오행이 같으면 겁재다. 음양이 같으면 비견, 다르면 겁재다. 일간과 오행이 같은데 겁재라는 이름이 붙은 것은 재성을 극하는 작용력이 비견에 비하여 강하기 때문이다. 특히 양일간 겁재는 양인陽刃이라는 또 다른 명칭이 있다. 양인은 나의 재를 겁탈하는 성분이다. 정재를 기준으로 보면 칠살에 해당한다. 일간과 동일한 오행에 속하는 통변성에 비견, 겁재, 록, 양인 등 네 종류가 있는데, 명칭에 이런 차이가 있는 것은 일간과 같은 오행이라 하여도 그 작용력이 사뭇 다르기 때문이다.

사주에 겁재가 있으면 편관이나 정관이 이를 제어해야 한다. 그래야만 겁재의 횡포를 선화시킬 수 있다. 특히 양일간 겁재, 즉 양인에 칠살이 있어 양인합살이 되면 귀함과 권위가 있는 운명으로 간주한다. 만약 겁재가 중중한데 이를 제하는 관살이 없으면 재물이나 이성으로 인한 문제가 발생한다. 양일간 겁재는 칠살과, 음일간 겁재는 편재와 합한다. 겁재는 식신과 상관을 생하고, 재를 극하며, 관살의 제를 받는다. 또 비견과 마찬가지로 인성의 기를 도기盜氣시킨다.

① 일간이 약하면 지지 양인은 일간을 돕는다. 그러나 양인이 있으면 편관이 있어야 한다.
② 비견 겁재가 천간에 투간하면 흉해가 중하고 급하게 발생한다.
③ 신강한데 비견 겁재가 많으면(주로 3자 이상) 손재하거나 처를 극한다.
④ 양인은 칠살과 합한다.
⑤ 양인은 합을 좋아하고 형, 충을 두려워한다.
⑥ 양인합살은 권세를 갖는다. 형, 충이 없으면 복이 후하다.

⑦ 사주 중 양인이 많은데 양인운이 오면 몸을 상한다.

⑧ 양인이 충하면 남과 화합하려는 의지가 적다.

⑨ 생월에 양인이 있으면 칠살운에 발달하고 재운에 실패한다.

⑩ 겁재는 재성을 보면 화를 초래한다.

⑪ 겁재 양인이 중첩할 때 재를 보면 재물과 이성으로 인한 화가 발생한다.

⑫ 정관격은 겁재를 좋아하지 않는다.

⑬ 재격에 비겁이 있는데 다시 비겁운이 오면 손재한다.

⑭ 겁재가 많으면 반드시 칠살의 제가 있어야 한다.

⑮ 비견, 겁재, 양인은 정관 또는 편관의 제를 받아야 한다.

(3) 식신

'음식을 맡은 귀신' 국어사전에 나오는 식신에 대한 정의다. 인간생활의 필수 조건인 의식주 중 음식을 관장하는 신이니 좋은 느낌이 오는 것은 당연하다. 식신은 작성爵星, 수성壽星이라고도 한다. 군주를 극하는 칠살을 공격하여 항복을 받아내고 벼슬을 하게 되므로 작성이라 하며, 또한 일간의 생사를 주관하는 칠살과 대적하여 일간의 목숨을 보존케 하므로 수성이다. 식신은 군주의 수기를 외부로 발산시키는 지혜의 신으로 어떠한 난관이 와도 지혜와 덕망으로 이를 극복하여 의식주의 구애 없이 살게 하는 신으로 시운을 만나면 대성하기도 한다.

식신은 재를 생하고, 칠살을 제하며, 일간의 수기를 설하는 길신이다. 총명하고 지혜로우며 창의성 강하고 교양과 너그러운 자애심도 많다. 일간이 강하고 월지 식신이 건왕하면 식록이 후하고 정신은 명쾌하며 체격 또한 건장한 도량 넓은 인격자다. 하지만 편인이나 충 · 극 등에 의해 파괴되면 식신의 좋은 성분은 변질된다. 식신은 여명에서 자식, 남명에서 조모와 장모가 된다. '아내가 귀여우면 처갓집 말뚝 보고도 절한다'는 속담에 어울릴만한 육신이 바로 식신이다. 양일간 식신은 정관과 합하고, 음일간 식신은 정인과 합한다. 정관은 조직 관리능력과 리더십에 해당하고, 식신은 연구, 창의성, 기획력 등이니 관식이 합하면 정관과 식신의 좋은 능력이 배가된다. 다만 정관격에 식신 합은 꺼린다. 정인과 식신이 합하여 길성으로 화하면 문명을 창달하는 명이다.

식신의 특징을 한마디로 표현한 명리학 용어가 바로 '식신유기 승재관'이다. 관격이나 재격이 아니어도 일간이 강하고 식신이 건왕하면 사회적 지위와 명예, 학식과 덕망이 높은 경우가 많고 재물 또한 풍요로운 경우가 많다.

① 식신은 교양과 덕망의 신이다.

② 식신은 혼잡되지 않고 형, 충, 파, 해, 공망 등이 없으면 순수하다.

③ 식신의 기신은 도식(편인)과 겁재다.

④ 양일간 식신은 병궁에 해당하여 군주가 약하다. 이때는 록이 있어 신강함을 요한다.

⑤ 음일간의 식신은 장생에 해당하여 군주가 생기를 얻으니 크게 신강을 원치는 않는다.

⑥ 신강하고 식신과 재성이 강하면 부유하다.

⑦ 식신이 많으면 정신이 산만하다.

⑧ 식신이 기신이면 나약하고 위력이 없다.

⑨ 식신은 재를 생하는 근원이다.

⑩ 식신에 겁재가 많으면 곤궁의 명이다. 식신이 생한 재를 겁탈하기 때문이다.

⑪ 식신은 칠살을 제한다. 식신제살격은 기세가 영웅과 같다.

⑫ 식신이 제살할 때는 식신보다 살이 강해야 한다.

⑬ 식신격에 기신 편인이 없으면 신체가 건장하고 식록과 재록이 후하며 복과 장수를 누린다.

⑭ 식신격 공망은 비생산적 업무 또는 공망의 직업이다.

⑮ 식신격에 편인이 있으면 도식이다. 편인격에 식신이 있으면 효신이다.

(4) 상관

십신 중 그 이름으로 인해 오해를 불러일으킬만한 통변성이 상관일 것이다. 글자그대로 해석하면 '관을 상하게 한다'는 의미다. 특히 법과 규율의 대명사인 정관을 상하게 한다는 것이 바로 상관이다. 명리학에서는 정관을 소위 '벼슬살이'의 척도로 봐왔기 때문에 정관을 극하는 상관을 좋지 않게 봐온 것이 사실이다. 하지만 현대사회, 특히 자본주의 시대의 벼슬은 비단 옛 시대의 벼슬만을 의미하지는 않을 것이다. 각 분야에서 두각을 나타내는 인물들, 예컨대 TV 브라운관의 스타, 영화배우, 탤런트, 댄서, 춤꾼 등을 현대의 벼슬에 포함시킨다면, 이 시대에는 상관을 또 다른 '벼슬'로 인식해도 무방하리라. 이들의 운명에 미치는 상관의 역할은 절대적이다.

명조내의 상관을 해석하는데 있어 어려운 점은 많으나, 일단은 일간의 신강 신약과 상관의 강약을 분별하고 나머지 십신과의 관계를 고찰해가면 해결의 실마리를 얻을 수 있다. 비견 겁재와 상관과의 관계, 상관과 재성, 상관과 정관, 상관과 편관, 상관과 편인, 상관과 정인과의 관계를 풀이해가면 상관의 길흉을 알 수 있다. 양일간 상관은 사지, 음일간 상관은 욕패지로서 군주의 기를 설기시키는 흉신이다. 그러나 상관은 군주의 수기를 밖으로 내뿜어 총명하다. 명식의 제화만 잘 이루어지면 부귀한 명이다. 양일간 상관은 편인과 합하고 음일간 상관은 편관과 합한다. 상관과 함께 편인과 편관 또한 사흉신의 하나인데, 이러한 흉신들과 상관이 합하면 두 개 흉신의 독성이 함께 완화된다.

① 상관은 일간의 아름다운 기를 밖으로 내뿜어 총명하다.

② 상관은 다재다능하고 눈물과 정이 많으며 희생과 봉사정신이 강하다.

③ 상관은 영웅심 강하고 승부를 좋아한다.

④ 상관은 비밀은 적고 악의는 없으나 저항의식과 비판성이 강하다.

⑤ 상관은 산업의 신, 생산의 신, 기술의 신, 예술의 신, 언변의 신이다.

⑥ 일간이 신강한 경우, 상관은 일간의 강한 기를 설기시켜 일간의 강함을 완화시킨다.

⑦ 일간이 약한데 상관의 설기신이 있으면 일간이 더욱 약해져 좋지 않다.

⑧ 상관은 재를 생한다.

⑨ 신강한데 상관생재가 이뤄지면 부유한 명이다.

⑩ 신약한데 상관생재가 이뤄지면 군주가 재를 다스리기에 무리가 따른다.

⑪ 상관은 정관을 싫어하고 재성을 좋아한다.

⑫ 양일간 상관은 편인과 합한다. 상관도 기술 성분이고 편인도 기술 성분이다.

⑬ 음일간 상관은 편관과 합한다. 상관은 입에 해당하고 편관은 권력에 비유된다.

⑭ 상관은 정관을 보면 흉폭해지고 반항기질이 생긴다. 우습게 본다(상관견관).

⑮ 상관은 인성의 제를 받는다. 상관과 인성의 배합이 잘 이뤄지면 학업에 유리하다.

⑯ 금수상관은 금백수청이라 하여 총명하다. 음악, 미술 등의 예술분야에 조예가 깊다.

⑰ 목화상관은 목화통명이라 하여 일간이 강하면 발달한다.

⑱ 화토상관은 자존심이 강하고 가장 현실적인 사람이다.

⑲ 토금상관은 재성을 좋아한다. 논리적이고 이지적이다.

⑳ 수목상관은 자존심 강하고 문필이 좋다.

(5) 정재

재는 양명의 근원이다. 동서고금을 막론하고 인간 생활에 없어서는 안 되는 것 중 하나가 재물이다. 특히 현대 자본주의 사회에서 다른 무엇보다 중요하다해도 무리가 아니다. 재물은 삶을 유지시키는 근원이기도 하나 동시에 재물로 인해 고통을 받기도 하는 양면적 속성이 있다. 남자에게 정재는 처가 되는데 이는 내가 극하여 제어할 수 있는 것을 처로 생각하는 이념이 깔려있다. 이를 옛 명리서는 "사람이 처를 얻으니, 처가 재를 가지고 시집을 와 나의 정신이 편안해지고 굳건해져 결혼한 후에 재를 순탄하게 사용할 수 있게 되는 것에 비유할 수 있다"라고 설명한다. 현대 사회에 이러한 이념이 여전히 유효한지는 의문이다.

정재는 겁재를 보면 흉포해지고, 식상을 좋아하며, 관성을 생하고, 정인을 극한다. 또한 정재는 편재와 혼잡 되는 것을 싫어한다. 혼잡 되면 허욕이 발생한다. 사주에 재성이 과다하면 재물과 이성간의 재앙을 유발한다. 또 중첩되는 것도 좋지 않다. 태과하거나 불급한 것 또는 혼잡 되는 것은 순수하지 못한 것이다. 정재가 순수하지 못하면 한길로 가지 못한다. 재성이 기신이면 재물과 이성으로 인한 노고가 있다. 반대로 재성이 희신이면 재물과 이성으로 인한 영화가 있다. 양일간 정재는 쟁합하니 신강해야 나의 재가 된다. 음일간 정재는 편인과 합하여 의심이 있다.

① 정재는 피와 땀을 통하여 얻는 노력의 재물로 성실과 신용을 중시하는 신이다.
② 정재는 비견, 겁재의 극을 받는다.
③ 재가 있고 비겁이 많으면 군겁쟁재 혹은 군비쟁재라 한다. 군겁쟁재는 가난한 명이다.
④ 정재는 겁재를 가장 두려워한다. 정재가 겁재를 보면 손재를 당한다.

⑤ 재성이 많고 군주가 신약하면 재다신약이다.

⑥ 재다신약 사주는 사업에 불리하다. 안정된 직장 생활이 좋다.

⑦ 식신 상관은 재를 생한다.

⑧ 재성이 약한 경우, 식신 또는 상관이 재를 생하면 부유한 명이다.

⑨ 재성은 관살을 생한다. 일간이 약한데 재가 관살을 생하면 일간이 궁지에 몰린다.

⑩ 일간이 약한데 재성이 칠살을 도우면 재앙이 발생한다.

⑪ 관성은 재를 수호하는 지킴이(守財神)다.

⑫ 관살이 약하면 재가 있어 생해주어야 한다.

⑬ 재는 인수를 극한다.

⑭ 재다신약하면 인수가 일간을 돕는다.

⑮ 정재 편재는 편인을 제하여 식신을 보호한다.

⑯ 남명의 재성은 처성이다. 신왕하고 재가 강하면 현량한 처를 얻는다.

⑰ 신강하고 재성이 약한 경우는 재가 왕해지는 운이 와야 복이 생긴다.

⑱ 신약하고 재성이 강한 경우는 일간이 왕해지는 운이 와야 복이 생긴다.

⑲ 지지에 양인이 있고 그 위 천간에 재성이 있으면 인두재刃頭財다. 인두재는 화근이다.

⑳ 辰, 戌, 丑, 未 사고지에 재가 있으면 고중庫中 재다.

(6) 편재

재는 일간이 극하는 오행을 지칭하는 통변성인데, 정재는 일간과 음양이 다른 것을, 편재는 일간과 음양이 같은 것을 말한다. 정재와 편재는 동일한 재이기는 하나 그 활용방법이나 의미가 다르다. 정재는 자기 땀과 노력의 대가인 월급재산으로 대변되는 반면, 편재는 횡재와 요행의 재물, 사회적 융통의 재산이다. 또한 일확천금의 성격을 띠는 큰 재물이다. 재는 수단과 처세다. 편재는 영웅심이다. 마음이 넓고, 관대하며, 인기가 많다. 재격이 형이나 충을 만나면 재물 때문에 다툼이 생기고, 겁재를 보면 손해다.

양일생은 편재와 인수가 간합한다. 정재를 보면 인수를 파극하여 부모의 신변에 저해가 있으므로 혼잡을 싫어한다. 음일생은 편재와 겁재가 간합한다. 편재는 남자에게는 첩이나 정부, 여자에게는 시어머니에 해당하고 남녀 공히 아버지에 해당한다. 청장년시절 이성의 난이 발생하는 것은 재성의 이상 때문이다. 편재는 비견 겁재의 극을 받고, 식상의 기를 설기시키며, 관살을 생하고, 인성을 극한다. 편재는 도식을 제한다.

① 편재는 유통 재, 요행 재, 활동의 재다.

② 편재는 상인성이다. 신왕재왕하면 거상이다.

③ 편재는 수단과 처세다.

④ 편재는 역마 같은 활동의 신이다.

⑤ 편재의 기신은 비견 겁재다. 비겁은 재를 겁탈한다.

⑥ 편재가 약하면 식신 또는 상관이 필요하다.

⑦ 신약한데 재성이 많으면 이성의 난이 있다.

⑧ 재성의 투합 쟁합은 흉하다. 색정의 난이 우려된다.

⑨ 편재는 약한 살을 생한다. 신약하면 화근이다.

⑩ 재성은 겁재를 보면 형제간 원망하고 불화한다.

⑪ 편재가 절지에 있으면 아버지와의 인연이 박하다.

⑫ 편재에 비겁이 있으면 관이 있어야 한다. 관은 수재신이다.

⑬ 년상의 재는 여러 사람의 재(公財)다.

⑭ 년상편재가 왕하고 월지의 기가 통하면 조상덕, 처덕 있다.

⑮ 시상편재는 내실의 재다.

⑯ 시상편재에 기신이 없고 격과 조화를 이루면 말년 부유하다.

⑰ 신약재왕한데 비겁운이 오면 처 우환과 재물 손실이 있다.

⑱ 재다신약하면 신왕운에 발복한다.

⑲ 신약한 편재격에 관살이 있으면 인성이 있어야 한다.

⑳ 신강한 편재격은 관운이 좋다.

(7) 정관

정관은 '으뜸의 관리'라는 의미다. 명리학은 정관격을 육격의 으뜸으로 친다. 최고의 관리가 될 수 있는 성분이니 당연하다 할 것이다. 이름에 걸맞게 정관은 수신제가하고 치국평천하하는 군자의 도에 비유된다. 국가적으로 국법질서와 법령에 해당하고, 가정적으로 부모에게 효도하고 형제간에 우애하며 처자와 화목한 질서를 유지한다. 일신은 정도를 걸어 바르게 살기를 원한다.

정관은 비견 겁재를 극하고 식신 상관의 극을 받으며 재의 생조를 받는다. 관성이 약하면 재가 관성을 생조하는 것이 좋다. 이것을 '재생관'이라 한다. 재생관의 경우는 군주의 신강이 우선이다. 군주가 신약하여 인성을 용하는 정관격인 경우, 재성이 있으면 탐재괴인이 되어 재물 혹은 이성으로 인한 치욕을 당한다. 관성이 너무 강한 경우도 재성의 생조는 원치 않는다. 정관은 인성을, 인성은 정관을 떠나서 살 수 없다. 정관은 인성을 생하고 인성 또한 정관를 극하는 식신 상관을 견제하여 정관의 귀기를 온전히 보전시키는 역할을 한다. 이것을 '관인상생'이라 한다. 그러나 정관이 약한데 인성이 강하면 정관의 귀기가 도기되어 정관이 궁지에 빠진다.

① 정관은 정돈, 질서, 순리의 성분이다.

② 정관은 관청, 문화, 교육, 예악 등에 소질과 재능이 있다.

③ 정관은 성실하고 보수적이다.

④ 신왕하고 관성이 강하면 발복한다.

⑤ 정관에 형 충이 있으면 정관의 귀한 성분이 파괴된다.

⑥ 정관에 인성이 많으면 정관의 설기가 심하여 가난한 운명이다.

⑦ 신강하고 재관이 유정하며 상관, 겁재, 양인 등이 없으면 부유한 명이다.

⑧ 정관이 하나 혹은 두개에 그치면 청淸하다.

⑨ 정관이 서너개가 있으면 정신이 산만하고 매사 동요가 심하며 질서가 무너진다.

⑩ 신강하고 정관이 왕하고 기신이 없으면 고귀한 명이다.

⑪ 인성이 많거나 비겁이 많으면 정관의 복력이 감소된다.

⑫ 정관은 합을 꺼린다.

⑬ 정관이 간합하는 운을 만나면 신분상 변화가 생긴다.

⑭ 정관이 중첩한데 다시 관살운을 만나면 재난을 면치 못한다.

⑮ 여명에 관살이 3자 이상 많고 재가 많으면 재혼을 면치 못한다.

⑯ 년상에 정관이 있으면 세덕부관이다.

⑰ 년상의 정관은 존귀한 신이다. 기신이 없고 재와 인이 있으면 명문가 출신이다.

⑱ 월지 정관은 준법정신이 투철하고 책임감이 뛰어나다.

⑲ 일지 정관은 가정적으로 보수적이며 흐트러짐 없이 가정을 관리한다.

⑳ 시상에 정관이 있으면 시상정관이다.

(8) 편관

정관이 문관에 비유된다면 편관은 무관에 비유된다. 소위 '의리에 죽고 의리에 산다'는 말이 가장 잘 어울리는 통변성이다. 장군이나 군인 경찰 등 권력직의 대명사이고, 제화가 이뤄지지 않으면 깡패나 거리의 부랑아에도 비유된다.[8] 원서는 "편관 칠살은 소인에 비유된다. 대부분

8) 제화의 개념에서 '화化'란 순생, 혹은 상생으로 나의 기운이 순조롭게 흘러가는 것을 말한다. 그래서 木이 화하게 되면 木生火가 되어 '火' 오행으로 인도되

흉폭하고 꺼리고 삼가는 것이 없으니, 만약 법도로서 그 무례함을 제지하고 징계하지 못하면 필시 군주를 상하게 한다. 따라서 제하는 것이 있으면「편관」이라 하고, 제하는 것이 없으면「칠살」이라 한다"고 정의하고 있다. 칠살은 모험적이고 술수에 능하며 영웅심이 강하다. 제화되면 겸손, 겸양하며 덕망으로 존경을 받는다.

칠살은 군주를 극하는 성분이라 일간이 강해야 한다. 신약하면 고통이 따르고 신강하면 권위가 있다. 또한 식신이나 상관으로 제해야 하고, 인성으로 칠살의 악성을 완화시켜야 한다. 양일간 편관은 양인과 합하고 음일간 편관은 상관과 합한다. 양인합살은 권위가 있고, 식신이 제살하면 칠살의 막강한 권력을 지혜와 덕망으로 굴복시켜 권세를 장악함을 뜻한다. 편관은 혼잡을 싫어한다. 혼잡되면 어느 하나를 제거해야 한다. 만약 편관이 약하면 재로써 도와주어야 한다.

① 편관은 민첩, 과감, 용감, 성급, 영민하다.
② 편관의 사상은 기이하고 모험적이다.
③ 편관은 제화가 안 되면 권모술수가 있다.
④ 편관은 정관과 함께 비겁을 극한다.
⑤ 일간이 약하고 칠살을 제복함이 없으면 눈앞의 호랑이를 향해가는 것과 같다.
⑥ 군주가 왕하고 살이 약하면 신왕살약이다. 자존심이 강하고 경솔 태만하다.
⑦ 군주가 약하고 살이 강하면 신약살강이다. 타인에게 의지한다.
⑧ 신약하여 편관을 감당치 못하면 고생이 많다. 이때는 신왕운이 좋다.
⑨ 신왕살약하면 살운이나 살을 돕는 운에 발달한다.
⑩ 신강하고 살이 약한 경우는 재성이 있어 편관을 생해야 길하다.

는 것이며, 金이 화하게 되면 金生水가 되어 '水' 오행으로 전달되는 것이다.

⑪ 신약하고 살이 강한데 재성이 있으면 가난하거나 요절한다.

⑫ 살이 인과 함께하면 위엄으로 하늘과 땅을 진압한다.

⑬ 식신제살이 이루어지면 위엄이 있다.

⑭ 편관은 너무 강하게 제복하면 안 된다. 제복이 강하면 흉폭하고 위험하다.

⑮ 정관을 보면 관살혼잡이 되어 귀가 도리어 천이 된다.

⑯ 관살혼잡은 탁한 운명이다. 이 경우는 어느 하나를 제거해야 한다.[9]

⑰ 살인상생이 이루어지면 지덕이 있다.

⑱ 살과 인성이 함께하면 살인상생하여 공명 현달한다.

⑲ 신살양정身殺兩停이면[10] 인성운에 발달한다.

⑳ 편관은 충을 꺼리고, 식신과 양인을 기뻐하며, 일간이 왕하면 귀하다.

(9) 정인

정인과 편인은 인수라는 명칭으로 통용된다. 인수는 옛날 관직의 직위를 나타내는 '관인官印'을 몸에 차기 위해 사용되던 끈을 말한다. '인수를 허리에 찬다'는 말은 벼슬길에 나간다는 의미로, '인수를 푼다'는 말은 벼슬길에서 물러난다는 의미로 사용되었다. 정인을 인수라고 한다는 것은 곧 정인이 벼슬과 직간접적인 영향이 있다는 의미일 것이다. 명리학에서는 벼슬길, 즉 관직의 척도를 정관[文官]이나 편관[武官]으로 삼아왔다. 그런데 정인에게 벼슬의 상징인 인수라는 또 다른 명칭을 부여한 것을 보면 관직의 척도를 관살과 인수로 삼았음을 알 수 있다. 정인은 나의 근원이 되고, 생기가 되며, 존귀한 신인 관성을 수호한다.

---

9) 관이면 관, 살이면 살, 둘 중 하나를 없애야 명조가 맑아진다. 교과서적으로 없애는 방법은 합, 충, 극이 있으나, 합하여 없애는 합거合去가 가장 역량이 뛰어나며 합리적이다.

10) 일원 군주와 편관 칠살의 기운이 서로 비슷하여 중화가 된 경우를 말한다.

정인은 생모, 학자, 선비에 해당한다. 예절바르고 덕망 있으며 책임감이 강하다. 정인격에 정관이나 편관이 있으면 관인상생격 혹은 살인상생격을 이룬다. 정인격은 길격으로서 극을 두려워한다. 정인을 극하는 것은 재성이다. 즉 정인의 기신은 재성이다. 재성이 많아 인성을 파괴하는 것을 탐재괴인이라 한다. 정인에 비견 겁재가 많으면 자왕모쇠가 되어 정인의 좋은 기운이 약화된다. 정인이 태과하면 모왕자쇠가 되어 군주가 정인의 좋은 기를 도리어 싫어하게 된다. 양일간 정인은 편재와 합하고 음일간 정인은 식신과 합한다.

① 정인은 총명하고 지혜로우며 생각이 깊고 예절바르다.

② 정인은 재를 가장 두려워한다.

③ 정인은 모성이고 재는 처성이다.

④ 정인과 재가 서로 싸우면 재인상애로 처와 시어머니 사이에 뜻이 맞지 않는다.

⑤ 정인이 많으면 자녀가 적다.

⑥ 정인이 두 개 이상이면 집중력이 떨어져 산만해진다.

⑦ 木 일간은 水가 인성이다. 水가 많으면 木이 표류한다.

⑧ 火 일간에 木이 많으면 火가 꺼진다.

⑨ 土 일간에 火가 많으면 土가 메마른다.

⑩ 金 일간에 土가 많으면 金이 매몰된다.

⑪ 水 일간에 金이 많으면 水가 탁해진다.

⑫ 정인이 많으면 관성의 기를 설기시키며 재성과 서로 다툰다.

⑬ 정인과 상관이 서로 다투면 성격이 좋지 않다.

⑭ 화개는 문학의 성분이다. 정인에 화개가 있으면 문장과 문필로 현달한다.

⑮ 년, 월의 정인이 파극 당하면 부모 및 윗사람의 덕을 기대하기 어렵다.

(10) 편인

정인은 어머니로 보는 반면 편인은 계모로 본다. 편인은 사흉신의 하나로 분류되어 일반적으로 좋지 않게 생각하기는 하나, 사흉신이 모두 그렇듯 제화가 적절하면 길신보다 더욱 유용한 신이다.

편인은 계모성으로 어떠한 구박이나 어려움도 잘 견디며, 박해가 올수록 더욱 분발하여 성공을 이끌어낸다. 어떠한 악조건의 환경에서도 모든 수모를 감수해가며 꿋꿋하게 성공의 결실을 연출해왔던 것을 역사와 지금의 현실에서 확인할 수 있다. 어떠한 시대나 사회상황에서도 가장 잘 적응할 수 있는 성분이 바로 편인이다. 편인격은 다양한 분야에서 대성한 인물들이 많다. 양일간 편인은 상관과 합하고 음일간 편인은 정재와 합한다. 합이 되면 편인의 흉성이 어느 정도 제거된다.

① 편인은 성취욕이 강하고 포부가 크다.

② 편인은 기술과 기능과 예술성이다.

③ 편인은 의술과 의약 분야에 재능이 탁월하다.

④ 편인은 전문직에서 성공한다.

⑤ 편인은 의심이 많다.

⑥ 편인은 일사에 집중을 못한다.

⑦ 편인이 많으면 고독하다.

⑧ 편인이 기신에 해당하면 고통, 우환, 고독을 주재한다.

⑨ 편인은 불신과 불만의 성분으로 다른 사람이나 어른들의 간섭을 싫어한다.

⑩ 편인을 제하는 재성이 있거나 편인이 합을 이루면 흉성은 완화된다.

⑪ 편인은 정인보다는 활동성이 강하며 임기응변의 재간이 있다.

⑫ 식신격의 편인은 도식이다. 도식은 건강과 수복을 관장하는 식신을 상하게 한다.

⑬ 편인이 많은데 식신을 보면 수명에 지장이 있다.

⑭ 여명은 식신을 자녀로 본다. 편인과 식신이 다투면 자녀와의 인연이 적다.

⑮ 양일간이 편인을 만나면 상관과 합을 이루어 능히 재를 생한다.

⑯ 상관과 편인이 합하면 기술과 기예에 탁월한 능력이 있다.

⑰ 음일간에 편인이 있으면 재성과 합을 이루니 흉성이 완화된다.

⑱ 편인은 칠살의 흉포를 막는다.

⑲ 정편인이 혼잡되면 탁한 명이다. 재신이 있어 제화시키면 탁변청이다.

⑳ 기신 편인에 흉살이 가중하면 예측불허의 재앙이 온다.

연습문제

1. 다음 설명 중 올바른 것은?
   ① 甲은 乙의 비견이다.
   ② 巳는 乙의 상관이다.
   ③ 壬은 辛의 식신이다.
   ④ 丁은 辛의 정관이다.
   ⑤ 寅은 癸의 식신이다.

2. 식신격에 편인이 있으면 (　)이다. 편인격에 식신이 있으면 (　)이다. (　)안에 알맞은 말은?
   ① 도식 도식
   ② 효신 효신
   ③ 효신 도식
   ④ 도식 효신
   ⑤ 편인 식신

3. 다음 중 수재신에 해당하는 것은?
   ① 비견
   ② 상관
   ③ 편관
   ④ 편인
   ⑤ 효신

4. 칠살을 가장 효율적으로 제살하는 것은?

① 겁재

② 식신

③ 상관

④ 정인

⑤ 편인

5. 음일간 상관은 12운성 어디에 해당하는가? (丁火일간 제외)

① 사궁

② 병궁

③ 욕궁

④ 쇠궁

⑤ 왕궁

6. 다음 설명 중 육신의 성정으로 적당치 않은 것은?

① 관성은 인성을 생조한다.

② 비겁은 관성으로부터 극제당한다.

③ 식상은 관성을 억제한다.

④ 재성은 인성을 도와준다.

⑤ 재성은 관성을 도와준다.

7. 다음 설명 중 인성의 특징으로 맞지 않는 것은?

① 관성을 설기한다.

② 비겁을 생조한다.

③ 식상을 억제한다.

④ 인성은 군주가 언제나 좋아한다.

⑤ 인성이 병들면 재성으로 치료한다.

8. 다음 문구 중 맞지 않는 것은?

① 식신상관은 군주의 기운을 설기한다.

② 재성은 약한 관살을 보조한다.

③ 상관이 병들면 인성으로 치료한다.

④ 강한 재성은 비겁을 얻어 得比理財해야 한다.

⑤ 식신은 편인을 무서워한다.

9. 다음 설명 중 관성의 특징으로 옳지 않은 것은?

① 인성을 설기한다.

② 비겁을 억제한다.

③ 재성의 생을 받는다.

④ 정관의 기신은 상관이다.

⑤ 정관을 지키는 것은 인성이다.

10. 다음 중 식신의 가장 큰 특징에 해당하는 것은?

① 정돈, 질서, 순리의 성분이다.

② 민첩, 과감, 용감, 성급, 영민하다.

③ 생각이 깊고 예절바르다.

④ 기술과 기능과 예술성이다.

⑤ 교양과 덕망의 신이다.

11. 다음 설명 중 적절하지 못한 것은?

① 정재는 식상을 좋아하며, 관성을 생하고, 정인을 극한다.

② 편재는 횡재와 요행의 재물, 사회적 융통의 재산이다.

③ 편관은 수신제가하고 치국평천하하는 군자의 도에 비유된다.

④ 정인은 생모, 학자, 선비에 해당한다.

⑤ 편인은 어떠한 구박이나 어려움도 잘 견딘다.

12. 다음 설명 중 잘못된 것은?

① 양일간 편인은 상관과 합하고 음일간 편인은 정재와 합한다.

② 양일간 정인은 편재와 합하고 음일간 정인은 식신과 합한다.

③ 양일간 편관은 양인과 합하고 음일간 편관은 상관과 합한다.

④ 양일간 상관은 편관과 합하고 음일간 상관은 편인과 합한다.

⑤ 양일간 식신은 정관과 합하고, 음일간 식신은 정인과 합한다.

13. 편인에 관한 설명 중 잘못된 것은?

① 의심이 많다.

② 편인을 억제하는 겁재가 있거나 편인이 합을 이루면 흉성은 완화된다.

③ 상관과 편인이 합하면 기술과 기예에 탁월한 능력이 있다.

④ 정편인이 혼잡되면 탁한 명이다.

⑤ 기신 편인에 흉살이 가중하면 예측불허의 재앙이 온다.

14. 편관에 관한 설명 중 잘못된 것은?

① 편관의 사상은 기이하고 모험적이다.

② 편관은 제화가 안 되면 권모술수가 있다.

③ 신약하여 편관을 감당치 못하면 고생이 많다.

④ 정관을 보면 관살혼잡이 되어 귀가 도리어 천이 된다.

⑤ 식신제살이 이루어지면 흉포하고 위험하다.

15. 다음 설명 중 명리학 일반 이론에 부합되지 않는 것은?

① 인성이 많으면 군주가 나태해진다.

② 정관은 합리성, 도덕, 질서 준수의 별이다.

③ 식신은 패도의 별로서 개혁과 반역을 주도한다.

④ 비견은 조직, 동맹, 친우 등을 상징한다.

⑤ 정재는 치밀하고 정직하며 공평무사를 지향한다.

연습문제 해답

■ 음양오행 (28p~31p)

1	2	3	4	5	6	7	8	9	10
⑤	③	⑤	③	⑤	③	⑤	③	④	②

■ 십간 십이지 (59p~62p)

1	2	3	4	5	6	7	8	9	10
③	⑤	⑤	④	②	⑤	⑤	②	②	③

■ 사주포국 (83p~88p)

1	2	3	4	5	6	7	8	9	10
③	①	⑤	④	②	④	⑤	③	④	②
11	12	13	14	15					
②	④	④	④	③					

■ 세력과 기 (102p~105p)

1	2	3	4	5	6	7	8	9	10
②	④	③	①	⑤	⑤	④	④	⑤	⑤

■ 신살 (122p~127p)

1	2	3	4	5	6	7	8	9	10
⑤	①	②	④	④	④	④	④	⑤	④
11	12	13	14	15					
④	④	③	④	⑤					

■ 격국 (146p~149p)

1	2	3	4	5	6	7	8	9	10
④	⑤	④	⑤	③	②	①	⑤	④	⑤

■ 통변 (172p~176p)

1	2	3	4	5	6	7	8	9	10
②	④	③	②	③	④	④	④	①	⑤
11	12	13	14	15					
③	④	②	⑤	③					

참고문헌

만민영. 2006.『삼명통회』, 태북: 무릉출판유한공사.

서락오. 2006.『명리혁신자평수언』, 태북: 진원서국.

서 승. 2004.『연해자평평주』, 태북: 무릉출판유한공사.

성철재. 1998.「생활 속의 역학이야기」,『한국경제신문』.

성철재. 2000.「명리학 바로보기」,『(제13회)한국정신과학학회 2000년도 추계학술대회 논문집』, 서울: 한국정신과학학회.

송지성. 2014.「명리정종 연구」, 공주대학교 박사학위논문.

심효첨 원저/ 무원동해락오씨평주. 2006.『자평진전평주』, 태북: 진원서국.

위천리. 2008.『신편위천리명학강의』, 태북: 무릉출판유한공사.

임철초 증주/ 원수산 찬집. 2011.『적천수천미』, 태북: 진원문화사업유한공사.

장남. 2012.『명리정종신봉통고』, 태북: 진원문화사업유한공사.

진소암 저/ 위천리 주/ 이용준 역. 2007.『정선명리약언』, 서울: 청학출판사.